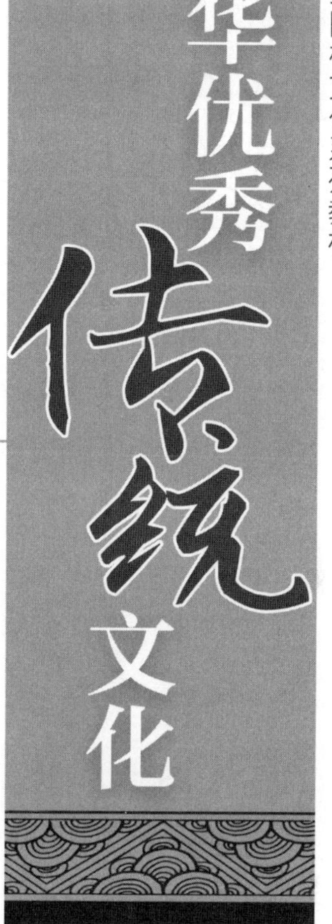

学习指导与实践

Zhonghua Youxiu Chuantong Wenhua
Xuexi Zhidao Yu Shijian

第二册 山东卷

主　编　牛绿洲　马　洁

副主编　董振涛

参　编　（按姓氏笔画排序）

王　菁　王文瑶　周宝红

张宏伟　高元恒　朱本雨

杜　欣　刘真真

中国劳动社会保障出版社

图书在版编目（CIP）数据

中华优秀传统文化学习指导与实践．第二册．山东卷 / 牛绿洲，马洁主编．-- 北京：中国劳动社会保障出版社，2023

全国技工院校文化系列教材

ISBN 978-7-5167-6224-0

Ⅰ．①中… Ⅱ．①牛… ② 马… Ⅲ．①中华文化 – 技工学校 – 教材 Ⅳ．① K203

中国国家版本馆 CIP 数据核字（2023）第 233040 号

中国劳动社会保障出版社出版发行

（北京市惠新东街 1 号 邮政编码：100029）

*

北京市白帆印务有限公司印刷装订 新华书店经销

787 毫米 × 1092 毫米 16 开本 8.25 印张 162 千字

2023 年 12 月第 1 版 2023 年 12 月第 1 次印刷

定价：17.00 元

营销中心电话：400-606-6496

出版社网址：http://www.class.com.cn

http://jg.class.com.cn

前　言

“唯有精神上达到一定的高度，这个民族才能在历史的洪流中屹立不倒、奋勇向前。”中华文化源远流长、灿烂辉煌。在5 000多年文明发展中孕育的中华优秀传统文化，代表着中华民族独特的精神标识。今天，技工院校的学生正在技能之路上不断前行；未来，他们会在技能的舞台上一展雄姿，成为适应世界科技革命和产业变革的高技能人才。世界形势风云变幻之下，中国的高技能人才不仅需要熟练掌握技能，还需要具备深厚的人文素养、拥有做中国人的底气和自信。因而，学习中华优秀传统文化就变得十分有必要。中华优秀传统文化是中华文明的智慧结晶和精华所在，是中华民族的根和魂。我们从中汲取营养，必能在文化激荡中站稳脚跟。

中华优秀传统文化需要在书本中获得，也需要在社会活动和实践中内化。“中华优秀传统文化学习指导与实践”系列就是让学生在学习完中华优秀传统文化相关知识后，一步一步引领学生在练习与实践中内化真知。

结合学生的认知规律，我们确定了中华优秀传统文化的内化过程：初步体悟—实践感知—体悟升华。具体到每课来说，“初步体悟”环节深度解析了“中华优秀传统文化”系列中“含英咀华”部分的选文，从重难点字词注音与注释、作者生平与写作背景介绍、选文朗诵等几个维度“扶一扶”学生，辅助学生完成知识巩固与文化的初步体悟；“实践感知”环节呼应了“中华优秀传统文化”系列“博观约取”“源远流长”“谈古论今”等部分的内容，又做了适度发挥和超越，旨在通过录制小视频，组织辩论赛、演讲赛，实地调研等诸多学生们喜爱的活动形式，引导学生在活动中、在参与中完成实践探索和心灵体悟；“体悟升华”环节将“中华优秀传统文化”系列“含英咀华”部分的选文做成了字帖，力求让学生们在描红的时候静下来、慢下来，在眼、手、脑、心的“合奏”下将已学、已做、已感受之内容“熔”为己物，完成体悟的升华。借助“中华优秀传统文化学习指导与实践”系列，学生将获得文化的熏陶，在动手、动嘴、动脑、动心中自觉完成文化吸收和文化浸润，以上这些，终将外化为具有文化素养的个体行为。

本套山东卷为“中华优秀传统文化学习指导与实践”系列之一，由山东省一线骨干教师执笔，共分4册。单册设4个单元，分别是百工之艺、处世之道、哲人之思、民俗之情，各册相同。每单元包含4课，每课一个主题。全书秉承“中华优秀传统文化学习指导与实践”系列的设计理念，以学生为中心、以活动为载体、以能力为本位，引导学生在自主探究中领悟“百工之艺”单元能工巧匠技术背后的真谛，体会“处世之道”单元先贤们总结出来的处事原则和方法，分析“哲人之思”单元伟大的哲人们传授给我们的看待世界的方式和自我价值的认定模式，沐浴“民俗之情”单元给予我们的礼俗洗礼。

大道至简，知易行难，知行合一，得到功成。希望技工院校的学子们能够在学习和内化中华优秀传统文化的过程中完成文化自信的重塑，站在先人的肩膀上继续投身于永不止步的自我完善之中、投身于民族的伟大复兴之中，成为真正的高技能人才，收获有分量的人生！

目　录

百工之艺

处世之道

哲人之思

民俗之情

百工之艺

第一课　美文铭岱

一、文润心田　书香同行

扫二维码，听朗诵录音；结合注释、作者生平和写作背景，体会诗文中蕴含的思想感情。

东平府路[1]宣慰[2]张公[3]登泰山记（节选）

［元］杜仁杰

以至元重九[4]前三日，办严以行。由沂(yí)州门出，时天宇晦(huì)冥[5]，左右更谏，不能止。翌(yì)日，到林庙，拜三圣墓竟，雨气犹未艾，信宿[6]抵岳祠。明旦登西华门，云则载阴载旸(yáng)[7]，雨则间作间止。公喜甚，沾醉而下，醒谓所亲曰：“登顶之约，盖不敢定，苟[8]晴矣，乃行，否则恐劳而人。”于是州刺史张汝霖、奉符令张佺(quán)、司户王天挺及从者三百，指具肩舆(yú)，辇(niǎn)公而上。

日没少倾，寒气已逼人，如仲冬时，从者燎薪围坐以待旦。参甫中[9]，公起坐，盥说(guàn shuì)[10]毕，步自玉女池，登日观峰，六合褰(qiān)[11]开，肃然无纤滓。立待蒸黍时，东方昽昽(lóng)[12]，乍离乍合，不移晷(guǐ)[13]，日露半边许，恍然如入无量金色界中，凡在行者莫不叹诧。及回，又得西影，直抵昧(mèi)谷[14]，若与昆仑争长雄。

【注释】

1. 东平府路：宋、金、元时期的地方区划名。元初泰安州属于东平府路。
2. 宣慰：官名。元代地方行政机构宣慰司长官。每司设三人，掌军民事务。
3. 张公：《元史》记载，“张公”应为元代大臣张德辉。
4. 重九：亦称“重阳”。节令名。农历九月初九。
5. 晦冥：亦作“晦暝”。昏暗。
6. 信宿：连宿两夜。
7. 旸：出太阳，天晴。
8. 苟：如果，假如。

9. 参甫中：参星刚刚升到天空中。参，星宿名。甫，起初。

10. 涚：通“挩”，揩拭。

11. 褰：揭起，撩起。

12. 昽昽：微明貌。

13. 晷：日影。

14. 昧谷：传说中西方日入之处。

【作者生平】

杜仁杰（约1201—1283），中国元代散曲家。字仲梁，号止轩，原名之元，字善夫。济南长清（今山东济南西南）人。性善谑，才学渊博，元初，屡被征召不出。

【写作背景】

据《元史》记载，文中“张公”应为元代大臣张德辉。碑文为游记散文，且登泰山时间在重阳节前三天，旨在游山赏景。文中详细介绍了沿途景色，写泰山夜景，气氛静谧肃穆，写日出奇景，则令人欣喜不已，是历代传颂的游岱名作。

泰山片石（节选）

汪曾祺

我从泰山归，携归一片云。

开匣忽相视，化作雨霖霖。

经石峪（yù）在泰山中路的岔道上。这地方的地形很奇怪，在崇山峻（jùn）岭之中，怎么会出现一片一亩大的基本平整的石坪呢？泰山石为花岗岩，多为青色，而这片石坪的颜色是姜黄的。四周都没有这样的石头，很奇怪。是一个什么人发现了这片石坪，并且想起在石坪上刻下一部《金刚经》[1]呢？经字大径一尺半。摩崖大字，一般都是刻在直立的石崖上，这是刻在平铺的石坪上的，很少见。这样的字体，他处也极少见。

书法自晋唐以后，都贵瘦硬。杜甫诗“书贵瘦硬方通神”，是一时风气。经石峪字颇肥重，但是骨在肉中，肥而不痴，笔笔送到，而不板滞[2]。假如用一个字评经石峪字，曰：稳。

这样的字和泰山才相称。刻在他处，无此效果。十年前，我在经石峪待了好大一会儿，觉得两天的疲劳，看了经石峪，也就值了。“经石峪”是“泰山”不可分离的一部分。泰山即使没有别的东西，没有碧霞元君祠，没有南天门，只有一个经石峪，也还是值得来看看的。

名山之中，石刻最多也最好的，似为泰山。大观峰真是大观，那么多块摩崖大字，大都写得很好，这好像是摩崖大字大赛，哪一块都不寒碜(chen)[3]。这块地场（这是山东话）也选得好。石岩壁立，上无遮盖，而石壁前有一片空地，看字的人可以在一个距离之外看，收其全貌，不必像壁虎似的趴在石壁上。其他各处的摩崖石碑的字也都写得不错。摩崖字多是真书，体兼颜柳，是得这样，才压得住。

【注释】

1.《金刚经》：全称《金刚般若波罗蜜经》。因用金刚比喻智慧有能断烦恼的功用，故名。

2. 板滞：文章、图画、神态等呆板。

3. 寒碜：亦作“寒伧”。难看，不体面。

【作者生平】

汪曾祺（1920—1997），中国现代作家，江苏高邮人。他博学多识、兴趣广泛，被誉为“抒情的人道主义者”。作品多写童年故乡、社会风俗，风格平和疏放、朴素自然，具有浓郁的传统文化氛围。代表作品有《受戒》《草花集》《大淖记事》等，大部分作品收入《汪曾祺全集》。

【写作背景】

汪曾祺的散文平淡质朴，娓娓道来，如话家常，文中多处引用古诗、典故，提及不少名人轶事，不仅丰富了文章内涵，而且提升了文章品位，作者独辟蹊径，从文化角度揭示了泰山博大的内涵，彰显了泰山之大，是一篇优秀的状物散文。

二、励志砺学　知行合一

请完成以下学习任务。

学习任务一：探寻石刻背后的故事

中华文化历史悠久，博大精深，能够代表中华文化的符号数量众多，石刻是不可替代的文化符号之一，具有丰富的历史内涵和史料价值。

常见的风景区内大多摆放石刻作品，这些石刻文字多雕刻在景观石上，用来介绍历史，记载名人事迹、留言、诗句以及游览经历等。山东的古代石刻艺术在中国石刻艺术史上占有重要地位，著名的石刻作品除泰山石刻外，还有莱州云峰石刻、青岛崂山石刻、青州云门石刻等，这些文化瑰宝吸引着中外游人前来观摩欣赏。

请同学们一起查找欣赏崂山等地的石刻艺术作品，并寻找它们背后的故事。

（一）活动规则

1. 课前利用网络查找石刻艺术作品，寻找它们的来历，体会它们所蕴含的历史价值、文化价值和艺术价值。

2. 课上以 4~6 人为一小组，在组内互相分享自己收集到的资料，并清晰、简练地介绍石刻艺术作品的故事。

3. 每组选出一位同学，在全班进行分享。

4. 班级设置优秀作品展区，进行展示。

（二）活动内容

每位同学深度挖掘石刻艺术作品背后的故事，体会它们所蕴含的历史价值、文化价值和艺术价值，撰写带给你的感悟。

作品名称：

____

作品简介：

____

个人感悟：

____

____

____

学习任务二：石刻作品制作

“零星两片石，卓越两千年”的泰山石刻虽历经百世，而风韵犹存，为我们研究帝王封禅历史以及“书同文”制度提供了实物资料。

中国人钟爱在石头上雕刻文字。能工巧匠们用智慧的双手和一把把铁凿、雕刀创造了内涵丰富、无可比拟的石刻作品，留下了人类文明的轨迹与风情，保存了地方特色与时代特点。

千年来，人们在石头上记载历史、铭记历史，把一块石头雕塑成了一种精神，任时代浪头翻滚，仍历久弥新。

同学们一起来体验并分享这种美好的雕刻艺术吧！

（一）活动规则

1. 分组分工。按照 4~6 人为一小组，课前分好小组。

2. 准备材料。各小组准备一套或多套雕刻工具并去户外寻找适合雕刻的石头。

3. 各组自由选定雕刻内容，按照要求，进行雕刻，并进行讲解、展示。

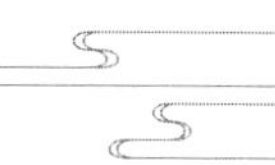

4. 师生投票评选出最佳石刻作品。

（二）活动内容

1. 制作并展示石刻作品。

2. 各组讲述制作过程中的心得体会，并填写下列表格。

石刻作品制作心得体会

1. 我的作品名称：

____

2. 雕刻的内容：

____

3. 选择此内容的原因：

____

4. 心得体会：

____

____

____

三、妙笔生辉 墨润心田

请完成以下字帖描红。

东平府路宣慰张公登泰山记（节选）

［元］杜仁杰

以至元重九前三日，办严以行。由沂州门出，时天宇晦冥，左右更谏，不能止。翌日，到林庙，拜三圣墓竟，雨气犹未艾，信宿抵岳祠。明旦登西华门，云则载阴载旸，雨则间作间止。公喜甚，沾醉而下，醒谓所亲曰："登顶之约，盖不敢定，苟晴矣，乃行，否则恐劳而人。"于是州刺史张汝霖、奉符令张佺、司户王天挺及从者三百，指具肩舆，辇公而上。

日没少倾，寒气已逼人，如仲冬时，从者燎薪围坐以待旦。参甫中，公起坐，盥涚毕，步自玉女池，登日观峰，六合褰开，肃然无纤滓。立待蒸黍时，东方昽昽，乍离乍合，不移晷，日露半边许，恍然如入无量金色界中，凡在行者莫不叹诧。及回，又得西影，直抵昧谷，若与昆仑争长雄。

泰山片石（节选）

汪曾祺

我从泰山归，携归一片云。

开匣忽相视，化作雨霖霖。

经石峪在泰山中路的岔道上。这

地方的地形很奇怪，在崇山峻岭之中，怎么会出现一片一亩大的基本平整的石坪呢？泰山石为花岗岩，多为青色，而这片石坪的颜色是姜黄的。四周都没有这样的石头，很奇怪。是一个什么人发现了这片石坪，并且想起在石坪上刻下一部《金刚经》呢？经字大径一尺半。摩崖大字，一般都是刻在直立的石崖上，这是刻在平铺的石坪上的，很少见。这样的字体，他处也极少见。

书法自晋唐以后，都贵瘦硬。杜甫诗“书贵瘦硬方通神”，是一时风气。经石峪字颇肥重，但是骨在肉中，肥而不痴，笔笔送到，而不板滞。假如用一个字评经石峪字，曰：稳。

这样的字和泰山才相称。刻在他处，无此效果。十年前，我在经石峪待了好大一会儿，觉得两天的疲劳，看了经石峪，也就值了。“经石峪”

是“泰山”不可分离的一部分。泰山即使没有别的东西，没有碧霞元君祠，没有南天门，只有一个经石峪，也还是值得来看看的。

名山之中，石刻最多也最好的，似为泰山。大观峰真是大观，那么多块摩崖大字，大都写得很好，这好像是摩崖大字大赛，哪一块都不寒碜。这块地场（这是山东话）也选得好。石岩壁立，上无遮盖，而石壁前有一片空地，看字的人可以在一个距离之外看，收其全貌，不必像壁虎似的趴在石壁上。其他各处的摩崖石碑的字也都写得不错。摩崖字多是真书，体兼颜柳，是得这样，才压得住。

第二课　衣线绘彩

一、文润心田　书香同行

扫二维码，听朗诵录音；结合注释、作者生平和写作背景，体会诗文中蕴含的思想感情。

咏绣障[1]

［唐］胡令能

日暮堂前花蕊娇[2]，争拈（niān）[3]小笔上床[4]描。

绣成安[5]向春园里，引得黄莺下柳条[6]。

【注释】

1. 绣障：刺绣屏风。

2. 花蕊娇：一指花朵娇艳欲滴的美景，一喻刺绣少女美丽、率真的情态。花蕊：花心。娇：美丽鲜艳。

3. 拈：用两三个指头捏住。

4. 床：指绣花时绷绣布的绣架。

5. 安：安置，摆放。

6. 下柳条：从柳树枝条上飞下来。

【作者生平】

胡令能（785—826），唐贞元、元和间人，隐居圃田（今河南中牟）。他年少时家境贫困，以修补锅碗瓢盆为生，人称“胡钉铰”。喜《列子》，亦爱禅学。《全唐诗》录存其诗四首。代表诗作为《小儿垂钓》。

【写作背景】

诗人胡令能颇具隐士之风，才学满腹，却并未出仕。一生居于乡野，隐于民众间，志趣高雅，不喜名利，独爱茶与酒。其诗精妙超凡，生动传神，具有浓厚的生活情趣。这首《咏绣障》语言浅显易懂，构思巧妙，韵味无穷。

贫 女

［唐］秦韬玉

蓬门[1]未识绮罗[2]香，拟托良媒[3]亦自伤。

谁爱风流高格调，共怜时世俭梳妆[4]。

敢将十指夸针巧，不把双眉斗[5]画长。

苦恨年年压金线[6]，为他人作嫁衣裳。

【注释】

1. 蓬门：用蓬茅编扎的门，意指贫穷人家。

2. 绮罗：华贵的丝织品或丝绸衣服。

3. 托良媒，拜托好的媒人。

4. 时世俭梳妆：当时流行于上流社会的一种梳妆。

5. 斗：比，炫耀。

6. 压金线：指刺绣。压，是刺绣的一种手法。

【作者生平】

秦韬玉，唐代诗人。字中明，京兆（今陕西西安）人。唐中和年间，追随唐僖宗入蜀地，获赐进士出身，官至工部侍郎。诗以七律见长，《贫女》较有名。宋人辑有《秦韬玉诗集》。

【写作背景】

《贫女》诗中，一个未嫁贫家女通过独白，倾诉自己悲惨的处境、难言的苦衷。诗人在对贫女给予深切同情的同时，借助贫女的遭遇，表达自己怀才不遇、寄人篱下的憾恨情怀。此诗把贫女与寒士的形象融为一体，表现了诗人对不公平的社会现实的愤慨。

绣

［唐］罗隐

一片丝罗[1]轻似水，洞房[2]西室女工劳。

花[3]随玉指添春色，鸟[4]逐金针长羽毛。

蜀锦[5]谩夸声自贵，越绫[6]虚说价功高。

可中用作鸳鸯被[7]，红叶[8]枝枝不碍刀。

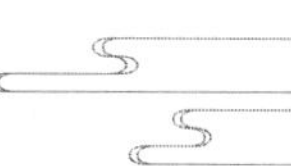

【注释】

1. 丝罗：丝织品。

2. 洞房：深邃的内室。

3. 花：刺绣图案。

4. 鸟：刺绣图案。

5. 蜀锦：蜀地的名贵丝织品。

6. 越绫：越国绫缎。绫，名贵丝织品。

7. 鸳鸯被：新婚夫妻用的被子。

8. 红叶：刺绣图案。

【作者生平】

罗隐（833—910），唐代文学家。字昭谏，杭州新城（今浙江杭州市富阳区西南）人。年少苦读，聪慧能文。曾任节度判官、给事中等职。其散文小品，笔锋犀利；诗亦有讽刺现实之作，多用口语。有诗集《甲乙集》等。

【写作背景】

晚唐末期，世事动荡，民不聊生。诗人罗隐一方面愤世嫉俗，写下许多讽刺现实的诗篇；一方面寻求超脱尘世之道，向往世外桃源，写下许多咏物诗。其咏物诗中，不乏借物批判黑暗社会现实之作，亦有不含明确寄托的诗作，主要借助生动的形象，传递强烈的美感。这首《绣》通过传神的描绘，写出了绣女的精巧技艺、绣品的精美绝伦。

二、励志砺学　知行合一

请完成以下学习任务。

学习任务一：欣赏鲁绣作品，制作鲁绣代表性作品图文介绍卡片

鲁绣，是山东地区的代表性刺绣，为国家级非物质文化遗产，具有色彩浓艳富丽、纹饰线条苍劲、形象优美等特点。比较有代表性的鲁绣包括：济南发丝绣、烟台抽纱、即墨花边、青州府花边、百代丽等。千百年来，技艺精湛的匠人们，“金针巧度”，绣出了一幅幅鲁绣瑰宝，如珍藏于北京故宫博物院的《鲁绣芙蓉双鸭图轴》《衣线绣文昌出行图轴》《衣线绣荷花鸳鸯图轴》《鲁绣瑶池吉庆图轴》《鲁绣罗汗图轴》，以及珍藏于山东博物馆的《竹林七贤图》等。

这些优秀的作品是什么样子的？作品中讲述了哪些故事、包含着什么寓意和精神？同学们一起来探索吧！

（一）活动规则

1. 分组分工。按照 4~6 人为一小组，课前分好小组；每组选出资料员、记录员、画图员、展示员。

2. 抽签。按照实际小组数确定签数，将《鲁绣芙蓉双鸭图轴》《衣线绣文昌出行图轴》《衣线绣荷花鸳鸯图轴》《鲁绣瑶池吉庆图轴》《鲁绣罗汗图轴》《竹林七贤图》这六幅鲁绣作品的名称，分别制作成签，各组进行抽签。

3. 准备资料。各组制作一张“鲁绣作品卡”。

4. 师生根据“鲁绣作品卡”制作质量投票选出“最佳小组”。

（二）活动内容

1. 各小组资料员搜集出本组抽到的作品的图文资料。

2. 记录员在卡片上整理记录文字资料。

3. 画图员在卡片上画出鲁绣作品。

4. 展示员登台展示。

鲁绣作品卡

组号：________________　　**作品名称：**________________

作品介绍：　　**手绘图片展示区**

____
____
____
____
____
____
____
____

学习任务二：完成鲁绣作品简易手工制作

鲁绣作为我国八大名绣之一，工艺精美，内容丰富，题材广泛多样，包罗万象。花鸟虫鱼、山水林泉、祥云瑞兽、文化典故等自然或人文元素，常被绣在门帘、屏风、衣物、手帕、荷包、枕头等常见的物品上，具有独特的文化艺术价值和一定的实用性。

优秀的鲁绣作品，常需要恪守匠心的匠人们用数天乃至数月的时间，在一针一线地回环往复中去完成。每一件独具魅力的作品背后，都有一个灵动的匠人故事，讲述着生命中的喜怒哀乐。同学们一定也想体验并分享这种美好的创造感觉吧！快让我们一起来制作吧！

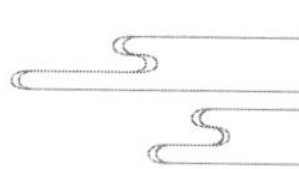

（一）活动规则

1. 分组分工。按照 4~6 人为一小组，课前分好小组。

2. 准备材料。各小组在网站搜索“鲁绣制作”或“鲁绣材料包”等关键词，准备本组心仪的材料。

3. 各组按照要求，制作鲁绣作品，并进行讲解、展示。

4. 师生根据鲁绣作品和讲解展示情况，投票评选出鲁绣作品的前三名。

（二）活动内容

1. 制作并展示鲁绣作品。

2. 各组讲述制作过程中的心得体会，并填写下列表格。

鲁绣制作心得体会

1. 我的作品名称：

____

2. 制作过程中最容易的环节：

____

3. 制作过程中的难点：

____

____

4. 下次努力的方向：

____

5. 我最难忘的体会：

____

____

三、妙笔生辉　墨润心田

请完成以下字帖描红。

咏绣障

[唐] 胡令能

日暮堂前花蕊娇，争拈小笔上床描。
绣成安向春园里，引得黄莺下柳条。

贫女

[唐] 秦韬玉

蓬门未识绮罗香，拟托良媒亦自伤。
谁爱风流高格调，共怜时世俭梳妆。
敢将十指夸针巧，不把双眉斗画长。
苦恨年年压金线，为他人作嫁衣裳。

绣

[唐] 罗隐

一片丝罗轻似水，洞房西室女工劳。
花随玉指添春色，鸟逐金针长羽毛。
蜀锦谩夸声自贵，越绫虚说价功高。
可中用作鸳鸯被，红叶枝枝不碍刀。

第三课　国瓷浴火

一、文润心田　书香同行

扫二维码，听朗诵录音；结合注释、作者生平和写作背景，体会诗文中蕴含的思想感情。

白瓷[1]（节选）

［明］宋应星

凡造杯盘无有定形模式，以两手捧泥盔冒[2]之上，旋盘使转。拇指剪去甲，按定泥底，就大指薄旋而上，即成一杯碗之形（初学者任从作废，破坯(pī)取泥再造）。功多业熟，即千万如出一范。凡盔冒上造小杯者，不必加泥；造中盘、大碗则增泥大其冒，使干燥而后受功。凡手指旋成坯后，覆转用盔冒一印，微晒留滋润，又一印，晒成极白干，入水一汶[3]，漉(lù)上盔冒，过利刀二次（过刀时手脉微振，烧出即成雀口）。然后补整碎缺，就车上旋转打圈。圈后或画或书字，画后喷水数口，然后过釉(yòu)。

…………

凡瓷器经画过釉之后，装入匣钵(bō)（装时手拿微重，后日烧出即成坳(ào)口，不复周正）。钵以粗泥造，其中一泥饼托一器，底空处以沙实之。大器一匣装一个，小器十余共一匣钵。钵佳者装烧十余度，劣者一二次即坏。凡匣钵装器入窑，然后举火。其窑上空十二圆眼，名曰天窗。火以十二时辰[4]为足。先发门火十个时，火力从下攻上，然后天窗掷柴烧两时，火力从上透下。器在火中其软如棉絮，以铁叉取一，以验火候之足。辨认真足，然后绝薪止火。共计一坯工力，过手七十二，方克成器，其中微细节目尚不能尽也。

【注释】

1. 选自《天工开物》，我国古代一部综合性的科学技术著作。

2. 冒：蒙，盖。

3. 入水一汶：瓷器生产过程中，施釉以前，干的生坯或经素烧的熟坯均需进行表面的

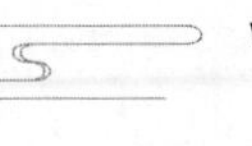

清洁处理，除去积存的尘垢及油渍，以保证坯体表层光滑，使釉能牢固而均匀地黏附在坯体上。清洁时，可把坯体“入清水一蘸而起”，或用排笔等浸水湿抹。汶，沾。

4. 时辰：一时辰为两小时。

【作者生平】

宋应星（1587—？），明末科学家。字长庚，江西奉新人。28 岁中举人，崇祯七年（1634）任江西分宜教谕，十一年为福建汀州府（治今长汀）推官，十六年为南京亳州（今属安徽）知州。明亡后弃官归里，终老于乡。宋应星的著作和研究领域涉及自然科学及人文科学的不同学科，而其中最杰出的作品《天工开物》被誉为“中国 17 世纪的工艺百科全书”。

宋应星一生致力于对农业和手工业生产的科学考察和研究，在总结农业和手工业经验的过程中，逐步形成了朴素的唯物论和辩证法的思想。而这一思想又指导着他在科学技术的研究中奋力向前，取得了卓越的成就，成为我国乃至世界历史上杰出的学者。

【写作背景】

宋应星的《天工开物》是世界上第一部关于农业和手工业生产的综合性著作，是我国古代一部综合性的科学技术著作。作者在书中强调人类要和自然和谐相处，人力要与自然力相配合。该书是我国科技史料中内容十分丰富的一部，它更多地着眼于手工业，反映了我国明代末年出现资本主义萌芽时期的生产力状况。

瓷器是我国古人的伟大发明。本文选自《天工开物》中卷的《陶埏》，记载了制瓷的 72 道工艺，重点介绍了景德镇生产民用白瓷的技术，生动形象地展示了从原料配制、造坯、过釉到入窑烧结等一系列生产制造过程，反映了我国古代劳动人民的智慧和创造才能，是研究我国古代科技的宝贵资料。

又于韦处乞大邑瓷碗

［唐］杜甫

大邑[1]烧瓷轻且坚，扣如哀玉[2]锦城[3]传。

君家白碗胜霜雪，急送茅斋也可怜[4]。

【注释】

1. 大邑：县名，在成都附近。

2. 哀玉：玉石相撞发出的凄清声。

3. 锦城：指成都，自汉代以来即以织锦著称，又名锦官城。

4. 可怜：可爱。

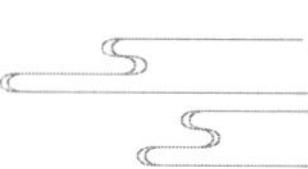

【作者生平】

杜甫（712—770），字子美，自称少陵野老，世称“杜工部”“杜少陵”等。祖籍襄阳（今属湖北），生于巩县（今河南巩义西南），唐代伟大的现实主义诗人。其诗紧密结合时事，思想深厚，境界开阔，有强烈的社会现实意义，深刻地反映了唐王朝由盛而衰的社会现实，被后世称为“诗史”。在诗歌艺术上，他能够吸取和总结前人的成就，融合众长，兼备诸体，形成特有的沉郁顿挫的风格。他忧国忧民，人格高尚，诗艺精湛，被尊为“诗圣”。现存诗1 400余首，有《杜工部集》。

【写作背景】

杜甫所处的时代，是唐帝国由盛而衰的一个急剧转变的时代。杜甫经历了开元盛世，也经历了安史之乱。杜甫一生仕途失意，遭遇坎坷，又经历战乱，深刻感受到时代苦难。漂泊四川的数年间，是他创作的高峰期，创作了大量诗歌。我们熟悉的《茅屋为秋风所破歌》《闻官军收河南河北》《秋兴》等都是这个时期优秀的作品。

此首《又于韦处乞大邑瓷碗》写于760年，也是杜甫寓居成都时所作。杜甫曾于韦班处索求大邑瓷碗。当诗人收到友人送来瓷碗时，不禁对大邑瓷器的白胜霜雪、声如哀玉赞叹不已，并为此写下了这首诗。从杜甫这首诗里，可知在唐代大邑是烧过白瓷的。大邑白瓷的质量很高，釉色晶莹，胜过霜雪；瓷胎极薄，重量很轻；烧制温度高，质地坚硬；扣之即声如哀玉，十分悦耳。这种名贵瓷器，当时在成都还很不容易见到，所以杜甫赞赏不已。

秘色越器[1]

［唐］陆龟蒙

九秋[2]风露越窑开，夺得千峰翠色[3]来。

好向中宵[4]盛沆瀣（hàng xiè）[5]，共嵇（jī）中散[6]斗遗杯。

【注释】

1. 秘色越器：越窑青瓷。

2. 九秋：秋季3个月约90天，因此称为九秋。

3. 千峰翠色：形容越窑青瓷（即秘色瓷）的釉色美。

4. 中宵：半夜。

5. 沆瀣：夜间的水汽、露水。

6. 嵇中散：指嵇康（223—262，或224—263），三国魏文学家、思想家、音乐家，字叔夜，官中散大夫，好弹琴咏诗。他与山涛、阮籍、阮咸、王戎、向秀、刘伶为友，号“竹林七贤”。

【作者生平】

陆龟蒙（？—约881），字鲁望，姑苏（今江苏苏州）人。唐代文学家。曾任湖州、苏州刺史幕僚，后隐居松江甫里。与皮日休为好友，互相唱和，同负盛名，并称“皮陆”。皮、陆的小品文，多愤世嫉俗之词，富有现实意义。著有《笠泽丛书》《甫里集》。

【写作背景】

秘色瓷是唐代越窑青瓷的精品，产于浙江余姚上林湖一带的越州。越窑是中国青瓷最重要的发源地和主产区。东汉年间这里完成了陶器的制作，后来又完成了从原始青瓷发展到青瓷的历史过渡。这一带战国时属越国，唐时改为越州，“越窑”因此而得名。越窑青瓷经过不断发展，晚唐、五代时达到鼎盛。越窑成为当时中国的瓷业中心。

这首诗是迄今发现对秘色瓷最早的文献记载。首句中“越窑开”说明秘色瓷的诞生地为越窑。“夺得千峰翠色来”，生动描绘了越窑秘色瓷的青釉色泽。诗人所描述的秘色瓷釉色为“千峰翠色”，这种郁郁葱葱、青莹滋润的色泽，不同凡俗，浑然天成。一个“夺”字，于画龙点睛中传达出工艺之巧，也点出了秘色瓷色釉有巧夺大自然“千峰翠色”的“灵性”特点，笔法传神而形象，让人读之浮想联翩，余韵延绵。诗人用烂漫的笔调热情地赞美了秘色瓷的精美绝伦和劳动人民的智慧，表达了对秘色瓷的喜爱。

二、励志砺学　知行合一

请完成以下学习任务。

学习任务一：瓷器中的人生

瓷器，承载着中华传统文化，是中华人民智慧的结晶。《天工开物》中记载：“共计一坯之力，过手七十二，方克成器，其中微细节目尚不能尽也。”瓷器制作步骤复杂，每个步骤须得一丝不苟，任何细微的失误都会影响最终成品的展现，出炉的既是器物，更是凝聚智慧的艺术品。

瓷器作为兼具审美与实用的艺术品，不仅满足了人们的生活需求，它那圆满规整的造型、五彩的釉色、多样的装饰更表达了中国人的社会生活、世态人情与审美趣味，体现着人们对美好生活的期盼。从一件件瓷器艺术品中，我们看到了中华民族在科学技术上的成果，以及人们对美的追求与创造。

（一）活动规则

1. 课前结合教材“制瓷工艺”部分，利用网络搜集瓷器的图片、视频和文字材料，深度挖掘瓷器文化的内涵，撰写瓷器文化带给你的感悟。

2. 课上以4~6人为一小组，在组内互相分享自己搜集到的资料，分享对瓷器文化的感悟。

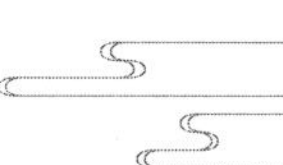

3. 每组选出一位同学，在全班进行分享。

4. 班级设置优秀作品展区，进行展示。

（二）活动内容

每位同学参考瓷器的图片、视频和文字材料，深度挖掘瓷器文化的内涵，撰写瓷器文化带给你的感悟。

____

____

____

____

学习任务二：走进美丽的瓷器“青花瓷”

青花瓷作为瓷器中的一个独特的形式，为明、清两代瓷器生产的主流，历经四百年盛烧不衰，在瓷器的发展中展现了它特有的魅力。

“素胚勾勒出青花笔锋浓转淡，瓶身描绘的牡丹一如你初妆。冉冉檀香透过窗心事我了然，宣纸上走笔至此搁一半……”一首《青花瓷》，不仅让我们感受到了烟雨江南的美，更带我们走进了瓷器的时代。

（一）活动规则

1. 课前欣赏歌曲《青花瓷》，并搜集有关青花瓷的名言、诗词、故事等。

2. 课上以 4~6 人为一小组，在组内分享搜集到的资料。

3. 每组选出一位同学，在全班进行分享。

4. 请为青花瓷设计广告词，让更多的人了解青花瓷。

（二）活动内容

每位同学在分享的过程中，注意倾听并做好记录，并根据对青花瓷的认识，设计一段公益广告词，写在下面的方框内。

青花瓷广告词：

____

____

____

三、妙笔生辉　墨润心田

请完成以下字帖描红。

白瓷（节选）

［明］宋应星

凡造杯盘无有定形模式，以两手捧泥盔冒之上，旋盘使转。拇指剪去甲，按定泥底，就大指薄旋而上，即成一杯碗之形（初学者任从作废，破坯取泥再造）。功多业熟，即千万如出一范。凡盔冒上造小杯者，不必加泥；造中盘、大碗则增泥大其冒，使干燥而后受功。凡手指旋成坯后，覆转用盔冒一印，微晒留滋润，又一印，晒成极白干，入水一汶，漉上盔冒，过利刀二次（过刀时手脉微振，烧出即成雀口）。然后补整碎缺，就车上旋转打圈。圈后或画或书字，画后喷水数口，然后过釉。

…………

凡瓷器经画过釉之后，装入匣钵（装时手拿微重，后日烧出即成坳口，不复周正）。钵以粗泥造，其中一泥饼托一器，底空处以沙实之。大器一匣装一个，小器十余共一匣钵。钵佳者装烧十余度，劣者一二次即坏。凡匣钵装器入窑，然后举火。其窑上空十二圆眼，名曰天窗。火以十二时辰为足。先发门火十个时，火力从下攻上，然后天窗掷柴烧两时，火力从上透下。器在火中其软如棉絮，以铁叉取一，以验火候之足。辨认真足，然后绝薪止火。共计一坯工力，过手七十二，方克成器，其中微细节目尚不能尽也。

又于韦处乞大邑瓷碗

［唐］杜甫

大邑烧瓷轻且坚，
扣如哀玉锦城传。
君家白碗胜霜雪，
急送茅斋也可怜。

秘色越器

［唐］陆龟蒙

九秋风露越窑开，
夺得千峰翠色来。
好向中宵盛沆瀣，
共嵇中散斗遗杯。

第四课　经纬织霓

一、文润心田　书香同行

扫二维码，听朗诵录音；结合注释、作者生平和写作背景，体会诗文中蕴含的思想感情。

红线毯[1]

［唐］白居易

择茧缫（sāo）丝[2]清水煮，拣丝练线红蓝[3]染。
染为红线红于蓝[4]，织作披香殿[5]上毯。
披香殿广十丈余，红线织成可殿铺[6]。
彩丝茸茸香拂拂[7]，线软花虚不胜物[8]。
美人踏上歌舞来，罗袜绣鞋随步没[9]。
太原毯涩毳（cuì）缕硬，蜀都褥（rù）薄锦花冷。[10]
不如此毯温且柔，年年十月来宣州。
宣城太守加样织[11]，自谓为臣能竭力。
百夫[12]同担进宫中，线厚丝多卷不得[13]。
宣城太守知不知，一丈毯，千两丝[14]。
地不知寒人要暖，少夺人衣作地衣[15]。

【注释】

1. 红线毯：一种丝织地毯。此类红线毯是宣州（今安徽宣城）所管织造户织贡的。

2. 缫丝：将蚕茧抽为丝缕。

3. 红蓝，即红蓝花，夏季开放红黄色花，可以制胭脂和红色颜料。胡震亨《唐音癸签》卷二十云："此则红花也，本非蓝，以其叶似蓝，因名为红蓝。"

4. 红于蓝：染成的丝线，比红蓝花还红。

5. 披香殿：汉代宫殿名，这里泛指宫廷歌舞之地。

6. 可殿铺：指毯与宫殿地面大小吻合，恰好能铺满。

7. 彩丝茸茸香拂拂：形容地毯质地柔密，香气飘动。茸茸，形容彩丝纤细柔密。拂拂，飘散的样子。

8. 不胜物：无法承受物体的重量，形容地毯非常柔软。不胜，承受不起。

9. 罗袜绣鞋随步没：描写丝毯松软，能陷没舞女的鞋袜，即所谓“不胜物”。

10. 太原毯涩毳缕硬，蜀都褥薄锦花冷：说太原出产的毛毯涩而硬，成都的锦褥薄而不暖，都不如这种丝毯好。涩，不柔润。毳，鸟兽的细毛。

11. 加样织：用新花样加工精织。加样，翻新花样的意思。

12. 百夫：百人，泛指多人。

13. 线厚丝多卷不得：红线毯又大又厚，没法卷起来。线厚，是说丝毯太厚。卷不得，是说不能卷起。

14. 一丈毯，千两丝：不是实指，虚写所耗费蚕丝之多。

15. 地衣：地毯。

【作者生平】

白居易（772—846），唐代诗人。字乐天，号香山居士。其先太原（今山西太原西南）人，后迁居下邽（今陕西渭南北）。贞元十六年（800）进士，十九年春，授秘书省校书郎。后任翰林学士、左拾遗及左赞善大夫。因上书言事，贬江州司马。长庆间任杭州刺史，宝历初任苏州刺史。晚年先后担任太子宾客、河南尹太子少傅等职，官终刑部尚书。世称白香山。白居易认为“文章合为时而著，歌诗合为事而作”（《与元九书》），他继承和发展了《诗经》和汉乐府的现实主义传统，沿着杜甫所开辟的道路进一步从文学理论上和创作上掀起了一个波澜壮阔的现实主义诗歌的高潮。白居易的诗歌对当时的社会问题进行了较深刻的揭露和批判，达到了“救济人病、裨补时阙”的政治目的，其中，那些价值最高的讽喻诗，和他兼善天下的政治抱负是一致的。

【写作背景】

白居易的诗歌广泛地反映时政弊端和社会矛盾，对人民的疾苦表示极大的同情。中唐时弊政很多，《红线毯》就是白居易对进奉弊政的揭露和讽刺。所谓“进奉”，就是地方官把额外榨取的财物美其名曰“羡余”，拿去讨好皇帝，谋求高官。白居易通过宣州进贡红线毯的事，对宣州太守一类官员讨好皇帝的行为加以讽刺，又着重暴露最高统治者为了自己荒淫享乐，毫不顾惜织工的辛勤劳动而任意浪费人力物力的罪恶。全诗叙事和议论相结合，在具体生动的描绘之后，作者仿佛是指着宣州太守的鼻子提出正义的诘责，给人极其强烈的印象。诗歌语言质朴直率，感情激烈直露，记事直截了当，平易近人，通俗易懂。

浪淘沙

［唐］刘禹锡

濯（zhuó）锦江[1]边两岸花，春风吹浪正淘沙。
女郎剪下鸳鸯锦[2]，将向中流疋（pǐ）晚霞[3]。

【注释】

1. 濯锦江：又名浣花溪，在今四川省成都市西，古代因洗涤锦缎而得名。
2. 鸳鸯锦：绣有鸳鸯图案的锦缎。
3. 疋晚霞：与晚霞比美。疋，匹敌，相当。

【作者生平】

刘禹锡（772—842），字梦得，洛阳（今属河南）人。唐代诗人，有“诗豪”之称。贞元九年（793）进士，又登博学宏词科。授监察御史，参加永贞革新，致力于革除弊政、维护国家统一。永贞革新失败后被贬为朗州司马，历任连州、夔州、和州刺史。后入朝任太子宾客、秘书监分司东都，世称刘宾客。官终检校礼部尚书。晚年在洛阳，和白居易为诗友，并称“刘白”。刘禹锡一生屡受政治打击和贬谪磨难之苦，后期虽欲在政治上有所作为，但物是人非的现实和日趋激烈的政治斗争，已使他感到事不可为亦不能为。武宗会昌二年（842）秋，病逝于洛阳。其诗沉着稳健，风调自然。

【写作背景】

刘禹锡具有朴素唯物论的思想，政治上也有进步见解。他一生贬官在外 20 多年，但长期的贬谪并没有改变他的思想。他不少的诗篇抒发了对身世遭遇的愤懑和痛苦，有的诗更直接讽刺了当朝的权贵。刘禹锡继承了屈原向民歌学习的优良传统，他流放巴楚间学习当时民歌，创作了数篇《竹枝词》和《浪淘沙》，记录劳动人民的生活和地方风物。刘禹锡共作《浪淘沙》9 首，这是第五首。“浪淘沙”是唐代教坊曲名，后用作词牌。这首诗以明快而又婉转的民歌风调，表现了对劳动者的由衷赞美和热情讴歌，语言质朴浅近，精练准确，很有特色。

缲（sāo）丝行[1]

［宋］范成大

小麦青青大麦黄[2]，原头[3]日出天色凉。
妇姑[4]相呼有忙事，舍后煮茧[5]门前香。
缲车嘈（cáo）嘈[6]似风雨，茧厚丝长无断缕[7]。

今年那暇织绢著[8]，明日西门[9]卖丝去。

【注释】

1. 缫丝：把蚕茧浸在热水里，抽出蚕丝。行，一种乐府诗体，与“歌”并称，或泛称为“歌行”。

2. 小麦、大麦：秋麦、春麦。二者播种时间不一，成熟时间也不一样。汉代童谣：“小麦青青大麦枯，谁其获者妇与姑。”

3. 原头：原野的地头。

4. 妇姑：媳妇和婆婆。

5. 煮茧：蚕茧成熟，必须及时煮死蚕蛹，否则茧内蚕蛹化蛾，咬破茧而出，就不能缫丝了。

6. 嘈嘈：象声词，形容缫车在急转时发出的声响。

7. 缕：线。这里指蚕丝。

8. 著：穿（衣），指穿绢衣。

9. 西门：指丝市所在地。

【作者生平】

范成大（1126—1193），字致能，号石湖居士，吴郡（今江苏苏州）人。宋高宗绍兴二十四年（1154）进士。孝宗乾道六年（1170），为宋特使赴金国改变接纳金国诏书礼仪和索取河南“陵寝”地，坚强不屈，全节而归。此后他由中书舍人，累官至四川制置使、参知政事。他在任地方官期间，做出一些有利于人民的政绩。晚年隐居苏州石湖。范成大是一个关心国事、勤于政务、同情人民疾苦的士大夫，创作有大量爱国诗篇和关怀人民疾苦的作品。他在后半生，创作了非常有特色的田园诗，洋溢着热爱生活的激情，是宋诗中的优秀篇章。他善写绝句，诗风清丽精致，与陆游、杨万里、尤袤齐名，号称“中兴四大家”。

【写作背景】

范成大怀有报国大志，出使金国时曾写下一系列爱国诗篇，不仅描写了人民的悲惨生活，抒发了他们的真实情感，而且还对南宋统治者昏庸误国予以谴责。尤其令人称道的是他的田园诗，这些诗歌展示了丰富多彩的宋代风土人情，富有浓郁的乡土气息。《缫丝行》是一首乐府诗，自注云：“效王建。”表明是学王建乐府诗的风格。《缫丝行》写妇女煮茧、缫丝、卖丝的繁忙劳动景象，描绘出农村妇女快乐劳动的场景，节奏一开始明快、流畅，可最后两句情调急转，将反映农村织妇的辛勤劳动与揭示封建剥削结合起来。“今年”两句是说，缫丝的妇姑在往年还有余丝织成绢，留作己用，可“今年”却不得暇织，急着将丝全部卖出去。其潜台词是：赋税加重，官府催租急，妇姑不得不缫丝卖丝。整首诗前后对

照，感情色彩急遽反转，增强了诗歌的艺术感染力。

二、励志砺学　知行合一

请完成以下学习任务。

学习任务一：走进丝绸，寻找与丝绸相关的成语

丝绸，华美细腻、轻薄柔软，是中华文化符号之一。古代丝绸之路带给世界的不仅仅是一匹匹精美的丝绸、一件件华美的衣服，更是东方古老灿烂的文明。

丝绸既是衣物，也是中国传统文化一个不可分割的部分。丝绸是人们书画的载体之一，丝绸生产场景亦作为常见题材出现于书画作品中。描绘丝绸的图案也能在瓷器、金银器等生活用具中找到。文学作品中也有对丝绸的描述，如“织为云外秋雁行，染作江南春水色”，“异彩奇文相隐映，转侧看花花不定”。日常生活中，与丝绸相关的成语也不少，人们喜欢用“繁花似锦”“锦绣前程”“锦绣河山”等成语来表达对个人或国家的美好期待。

漫漫历史长河中，丝绸与我国的政治经济、礼仪制度、民族艺术、科学技术等息息相关，是我国历史文化独特的象征与载体。

（一）活动规则

1. 课前搜集与丝绸有关的成语及其来源；
2. 课上以 4~6 人为一小组，在组内分享自己搜集到的成语及得到的感悟；
3. 每组选出一位同学，在全班进行分享。

（二）活动内容

每位同学在成语分享的过程中，注意倾听并做好记录，选择自己印象最深的一个成语，说一说自己的感想，写在下面的方框内。

我喜欢的成语：

____

____

感悟：

____

____

____

学习任务二：结婚礼服知多少

所谓婚礼，是指与婚姻行为有关的礼仪规范。结婚礼服是婚礼上的“重头戏”。无论是古代的喜服，还是现代的新式礼服，人们对结婚礼服的面料都是精挑细选，力争在当天能完美展现新娘的温婉柔美与新郎的英俊帅气。丝绸作为礼服面料的一种，从古至今颇得青睐。

（一）活动规则

1. 课前结合教材“谈古论今”部分，搜集用丝绸制作的婚礼礼服的种类。
2. 课上以 4~6 人为一小组，在组内分享自己搜集到的资料，并以丝绸为面料设计一套礼服。
3. 每组选出一位同学，在全班进行分享。
4. 班级设置优秀作品展区，进行展示。

（二）活动内容

每位同学在礼服设计卡上设计一件结婚礼服，并注明面料及设计缘由。班级设置优秀作品展区，进行展示。

礼服设计卡

礼服名称：

____

面料：

____

____

设计缘由：

____

____

____

礼服设计区

三、妙笔生辉　墨润心田

请完成以下字帖描红。

红线毯

［唐］白居易

择茧缫丝清水煮，
拣丝练线红蓝染。
染为红线红于蓝，
织作披香殿上毯。
披香殿广十丈余，
红线织成可殿铺。
彩丝茸茸香拂拂，
线软花虚不胜物。
美人踏上歌舞来，
罗袜绣鞋随步没。
太原毯涩毳缕硬，
蜀都褥薄锦花冷。
不如此毯温且柔，
年年十月来宣州。
宣城太守加样织，
自谓为臣能竭力。
百夫同担进宫中，
线厚丝多卷不得。
宣城太守知不知，

一丈毯，千两丝。
地不知寒人要暖，
少夺人衣作地衣。

浪淘沙

［唐］刘禹锡

濯锦江边两岸花，
春风吹浪正淘沙。
女郎剪下鸳鸯锦，
将向中流疋晚霞。

缫丝行

［宋］范成大

小麦青青大麦黄，
原头日出天色凉。
妇姑相呼有忙事，
舍后煮茧门前香。
缫车嘈嘈似风雨，

茧厚丝长无断缕。
今年那暇织绢著，
明日西门卖丝去。

处世之道

第五课 正心诚意

一、文润心田 书香同行

扫二维码，听朗诵录音；结合注释、作者生平和写作背景，体会诗文中蕴含的思想感情。

古之欲明[1]明德[2]于天下[3]者，先治其国[4]；欲治其国者，先齐其家[5]；欲齐其家者，先修其身[6]；欲修其身者，先正其心[7]；欲正其心者，先诚其意。

——节选自《大学·第一章》

【注释】

1. 明：动词，使显明。

2. 明德：光明正大的德行。儒家认为，人生来具有善良的德性，即明德。后天因为受到物质利益的蒙蔽，个人褊狭气量的拘束，明德受到压抑，所以要经过教育，使明德显露出来。

3. 天下：全国。

4. 国：周朝实行分封制，最高统治者天子将部分土地连同百姓分封给其兄弟、亲属及功臣，叫他们世代统治，被封者称为诸侯，诸侯的封地叫作国。

5. 齐其家：使家族齐心协力，和睦相处。齐，有整顿、治理和管理之意。家，家族。

6. 修其身：涵养自身的品性。

7. 正其心：端正自己的心思。

【作者生平】

《大学》原是中国古代儒家经典《礼记》中的一篇，约为秦汉之际儒家作品。宋代程颢、程颐特别重视《大学》，曾分别将它从《礼记》中抽出来加以改编，使之独立成篇。朱熹在二程改编的基础上继续加工，分为“经”“传”，作成章句，通过注释阐发己意，并将它和《论语》《孟子》《中庸》合编为“四书”，在封建社会后期影响极大。

【写作背景】

《大学》依据孔子“仁”的思想，以“德治”作为指导，阐明了儒家“修己以安人”的圣王之道。所谓圣王之道，可以分为两大部分：一是属于“内圣”范围的“修己”功夫，二是属于“外王”范围的“安人”事业。对此，《大学》提出“明明德、亲民、止于至善”的“三纲领”和“格物、致知、诚意、正心、修身、齐家、治国、平天下”的“八条目”。其中“三纲领”是中国古代教育的总纲领，“八条目”是它的具体措施、步骤和主要内容，而其中的“修身”则是它的中心任务。

《大学》既是儒家思想体系的最高纲领，又是每个人立身处世、进德修业的指南。《大学》体现了我国古代教育的路线和方针，我国古代教育是以品德教育为核心的德才并重的教育，旨在培养合格的修身、齐家、治国、平天下的栋梁之材。《大学》深深融入中国的传统思想文化之中，影响着一代又一代的中国人，它对于我们今天提高个人素质、实现人生理想仍有重要的借鉴意义。

所谓诚其意[1]者，毋(wú)[2]自欺也。如恶恶臭(wù è xiù)[3]，如好好色(hào hǎo)[4]，此之谓自谦(qiè)[5]。故君子必慎其独[6]也。小人闲居[7]为不善，无所不至，见君子而后厌(yǎ)然[8]，掩[9]其不善，而著[10]其善。人之视己，如见其肺肝然，则何益矣。此谓诚于中[11]，形于外，故君子必慎其独也。曾子曰：“十目所视，十手所指，其严乎！”富润屋[12]，德润身[13]，心广体胖(pán)[14]。故君子必诚其意。

——节选自《大学·第七章》

【注释】

1. 诚其意：使意念真诚。诚，使真诚。意，意念。

2. 毋：不要。

3. 恶恶臭：前一个“恶”字用作动词，厌恶，讨厌；后一个“恶”字是形容词，不好。恶臭，难闻的气味。臭，气味。

4. 好好色：前一个“好”字用作动词，喜爱；后一个“好”字是形容词，美好。好色，美丽的容貌。

5. 自谦：自求快意的满足。谦，同“慊”，满足，满意。

6. 慎其独：在独自一人的时候要谨慎。慎，谨慎，一丝不苟。独，指一人独处的时候。

7. 闲居：独处。

8. 厌然：躲藏、掩饰的神态。

9. 掩：遮掩，掩盖。

10. 著：显示。

11. 中：内心。

12. 润屋：装饰房屋。

13. 润身：修养自身。

14. 心广体胖：心胸宽广，身体安适舒泰。胖，舒展，安舒。

【作者生平】

略。

【写作背景】

略。

所谓修身在正其心者，身有所忿懥（fèn zhì）[1]，则不得其正；有所恐惧，则不得其正；有所好乐，则不得其正；有所忧患，则不得其正。心不在焉，视而不见，听而不闻，食而不知其味。此谓修身在正其心。

——节选自《大学·第八章》

【注释】

1. 忿懥：愤怒。

【作者生平】

略。

【写作背景】

略。

将一门技术掌握到炉火纯青绝非易事，但工匠精神的内涵远不限于此。有人说，“没有一流的心性，就没有一流的技术”。的确，倘若没有发自肺腑、专心如一的热爱，怎有废寝忘食、尽心竭力的付出？没有臻于至善、超今冠古的追求，怎有出类拔萃、巧夺天工的卓越？没有冰心一片、物我两忘的境界，怎有雷打不动、脚踏实地的淡定？工匠精神中所深藏的，有格物致知、正心诚意的生命哲学，也有技进乎道、超然达观的人生信念。从赞叹工匠继而推崇工匠精神，见证社会对浮躁风气、短视心态的自我疗治，对美好器物、超凡品质的主动探寻。我们不必人人成为工匠，却可以人人成为工匠精神的践行者。

——节选自《以工匠精神雕琢时代品质》

【注释】

略。

【作者生平】

略。

【写作背景】

略。

二、励志砺学　知行合一

请完成以下学习任务。

学习任务一：“正心诚意”故事汇

正心，指心要端正而不存邪念；诚意，指意必真诚而不自欺，有真诚的心意才能端正心思。诚意是树人之本，正心是立业之基。每位同学都应将其作为自己修身养性的重要原则。

（一）活动规则

1. 以小组为单位，讲述或合作表演从古至今“正心诚意”的中华故事（含课文中的故事）。讲述故事可以制作课件，表演可以配相关音频，以增加生动性。

2. 以 4~6 人为一小组，组内交流展示。

3. 每组推荐代表进行班内展示。

4. 根据小组分享展示的效果进行评分排名。

（二）活动内容

每位同学在展示的过程中，注意观看并打分评价，填在下面的表格内。

序号	姓名	展示题目	内容	形式	表达	特点	总分

（注：满分 20 分，内容、形式、表达、特点每项 5 分，各组成员酌情打分，评出班内前三名）

学习任务二：评选正心诚意之人

在日常生活中，我们要经常调整和修正自己的心意，明德正心，尽量不被外物干扰，向着正确的目标进发。这不仅会使我们的内心更加笃定，还会促成我们和他人的良好关系，为将来的升学、就业等带来良好契机。

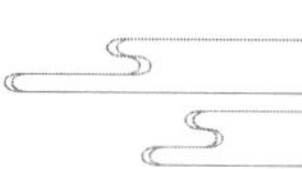

（一）活动规则

1. 学生分组讨论，每人推荐一个班级里的正心诚意之人（信守诺言、不说假话、敢于面对错误等），并说出理由。

2. 每个小组各选两名代表分享，大家共同讨论这些人身上的人格魅力。

3. 同学自主发言，分享正心诚意之人带给自己的感动或产生的影响。

4. 为学生公认的正心诚意之人颁发荣誉证书。

（二）活动内容

以课本中提出的“正心诚意”为标准，推荐本班正心诚意之人。学生发言，讲述身边的正心诚意故事，推荐正心诚意之人。

三、妙笔生辉　墨润心田

请完成以下字帖描红。

古之欲明明德于天下者，先治其国；欲治其国者，先齐其家；欲齐其家者，先修其身；欲修其身者，先正其心；欲正其心者，先诚其意。

——节选自《大学·第一章》

所谓诚其意者，毋自欺也。如恶恶臭，如好好色，此之谓自谦。故君子必慎其独也。小人闲居为不善，无所不至，见君子而后厌然，掩其不善，而著其善。人之视己，如见其肺肝然，则何益矣。此谓诚于中，形于外，故君子必慎其独也。曾子曰："十目所视，十手所指，其严乎！"富润屋，德润身，心广体胖。故君子必诚其意。

——节选自《大学·第七章》

所谓修身在正其心者，身有所忿懥，则不得其正；有所恐惧，则不得其正；有所好乐，则不得其正；有所忧患，则不得其正。心不在焉，视而不见，听而不闻，食而不知其味。此谓修身在正其心。

——节选自《大学·第八章》

将一门技术掌握到炉火纯青绝非易事，但工匠精神的内涵远不限于此。有人说，"没有一流的心性，就没有一流的技术"。的确，倘若没有

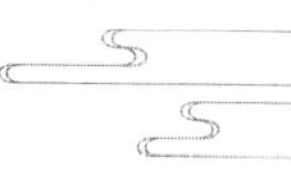

发自肺腑、专心如一的热爱，怎有废寝忘食、尽心竭力的付出？没有臻于至善、超今冠古的追求，怎有出类拔萃、巧夺天工的卓越？没有冰心一片、物我两忘的境界，怎有雷打不动、脚踏实地的淡定？工匠精神中所深藏的，有格物致知、正心诚意的生命哲学，也有技进乎道、超然达观的人生信念。从赞叹工匠继而推崇工匠精神，见证社会对浮躁风气、短视心态的自我疗治，对美好器物、超凡品质的主动探寻。我们不必人人成为工匠，却可以人人成为工匠精神的践行者。

——节选自《以工匠精神雕琢时代品质》

第六课　淡泊宁静

一、文润心田　书香同行

扫二维码，听朗诵录音；结合注释、作者生平和写作背景，体会诗文中蕴含的思想感情。

士君子之所能不能为[1]：君子能为可贵[2]，不能使人必贵己[3]；能为可信[4]，不能使人必信己[5]；能为可用[6]，不能使人必用己[7]。故君子耻不修[8]，不耻见污[9]；耻不信，不耻不见信[10]；耻不能，不耻不见用。是以不诱于誉[11]，不恐于诽，率道[12]而行，端然[13]正己，不为物[14]倾侧[15]，夫是之谓诚君子。《诗》云："温温恭人，维德之基[16]。"此之谓也。

——节选自《荀子·非十二子》

【注释】

1. 能不能为：能做和不能做的。
2. 贵：被人尊重。
3. 贵己：尊重自己。
4. 信：被人信任，讲信用。
5. 不能使人必信己：不能让人们必定信任自己。
6. 可用：可用于世。用，被人任用。
7. 必用己：一定重用自己。
8. 耻不修：以品德不好为耻辱。耻，以……为耻辱。修，善，好。
9. 见污：被污蔑。见，被。
10. 见信：被信任。
11. 诱于誉：被荣誉浮名诱惑。于，被。
12. 率道：遵循正道。率，遵循，沿着。
13. 端然：庄重严肃的样子。
14. 物：外界事物。
15. 倾侧：倾斜，这里指动摇。

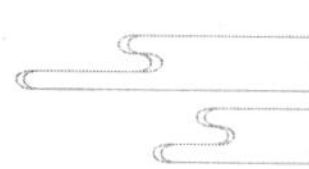

16. 温温恭人，维德之基：宽厚、和气、恭敬地对待别人，是维系道德的基础。温温，宽厚、柔和的样子。

【作者生平】

荀子（约前313—前238），名况，时人尊而号为“卿”，战国末期赵国人。著名思想家、教育家。荀子游历过齐、秦、楚等国，在齐国曾三次任稷下学宫的最高学官“祭酒”。在楚国，春申君举荐他为兰陵（治今山东兰陵县兰陵镇）令。李斯和韩非都是他的学生。荀子否定天命，强调人为，强调后天的教育改造，具有较多的唯物主义因素。荀子对儒家思想有所发展，提倡性恶论，其学说常被后人拿来跟孟子的“性善说”比较。著有《荀子》。《荀子》文章说理绵密，结构严整，笔力浑厚。

【写作背景】

《荀子・非十二子》是一篇考量春秋战国诸子得失的文章，是我们研究先秦诸子学说思想的一篇重要文献。主要评述了道、墨、名、法及儒家各流派的思想学说，依据“礼”的标准，对它嚣、魏牟、墨翟、慎到、惠施等十二人的思想进行了尖锐的批判和否定，而推尊以礼义为宗旨的孔子、子弓的学说，反映了荀子的思想特点。

教材节选的这部分通过对比，歌颂了士君子的美德。士君子是严格要求自己的人，但不是对别人苛求的人，更不是只看中结果的人。君子所追求的是不断地完善自我，但君子也一定明白：努力不一定会有结果。所以，君子更是能够坦然面对失意的人。即使在今天的社会中，荀子所赞颂的君子的这种坦然品格仍然是那么可贵！

夫君子之行，静[1]以修身，俭以养德。非淡泊[2]无以[3]明志[4]，非宁静无以致远[5]。夫学须静也，才须学也，非学无以广[6]才，非志无以成学。慆慢[7]则不能励精[8]，险躁[9]则不能治性[10]。年与时驰[11]，意与日去[12]，遂成枯落[13]，多不接世[14]，悲守穷庐[15]，将复何及[16]！

——节选自诸葛亮《诫子书》

【注释】

1. 静：屏除杂念和干扰，宁静专一。
2. 淡泊：内心恬淡，不慕名利。
3. 无以：没有什么可以拿来，没办法。以，介词，引出动作行为的目的。
4. 明志：明确志向。明，明确、坚定。
5. 致远：达到远大目标。致，达到。
6. 广：增长。
7. 慆慢：放纵懈怠。

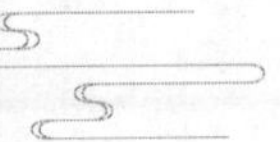

8. 励精：振奋精神。励，振奋。
9. 险躁：轻薄浮躁。险，轻薄。
10. 治性：修养性情。
11. 年与时驰：年纪随同时光而急速逝去。驰，疾行，指迅速逝去。
12. 意与日去：意志随同岁月而消失。
13. 枯落：凋落，衰残。比喻人年老志衰，没有用处。
14. 多不接世：大多对社会没有任何贡献。
15. 穷庐：穷困潦倒之人住的陋室。
16. 将复何及：又怎么来得及。

【作者生平】

诸葛亮（181—234），字孔明，人称卧龙，琅邪阳都（今山东沂南）人，三国时期蜀汉政治家、军事家。刘备在成都建立蜀汉政权，诸葛亮被任命为丞相。后主刘禅继位，诸葛亮被封为武乡侯，领益州牧，主持朝政。

诸葛亮勤勉谨慎，大小政事必亲自处理。他励精图治，赏罚严明，抑制豪强，任人唯贤；与东吴联盟，改善和西南各族的关系；实行屯田政策，务农积谷，加强战备。前后5次北伐中原，希冀消灭曹魏，恢复汉室，终因实力悬殊，屡次失败。后与魏司马懿在渭南相抗，病死于五丈原军中。谥忠武侯。诸葛亮为匡扶蜀汉政权，呕心沥血，鞠躬尽瘁，死而后已。诸葛亮在后世受到极大尊崇，成为后世忠臣楷模，智慧化身。

【写作背景】

古人往往在家书中寄语子女弟侄，予以教诲与劝勉，这是中国古代家庭教育的一种方式。《诫子书》是诸葛亮晚年写给他儿子诸葛瞻的一封家书，劝勉儿子勤学立志，告诫儿子：修身养性要从淡泊宁静中下功夫，最忌怠惰险躁。文章既讲明修身养性的途径和方法，也指明了立志与学习的关系。全文通过深沉理性、简练严谨的文字，将普天下为人父者的爱子之情表达得非常深切，成为后世历代学子修身立志的名篇。

字谕(yù)[1]汝舟[2]儿：……尔年才二十八，已成进士，授职编修[3]，是为侥幸成名，切不可自满。宜守三戒：一戒傲慢，二戒奢华，三戒浮躁。尔既奉母弟居京华，务宜体吾寸心[4]，常持勤敬与和睦。几家庭间能守得几分勤敬，未有不兴；能守得几分和睦，未有不发。若不勤不和之家，未有不败者也。尔昔在侯官[5]，将此四字于族或人家验之，必以吾言为有证也。尔性懒，书案上诗文乱堆，不好收拾洁净，此是败家气象，嗣后务宜痛改，细心收拾，即一纸一缕，皆宜捡拾伶俐，以为弟辈之榜样。……尔能勤，二

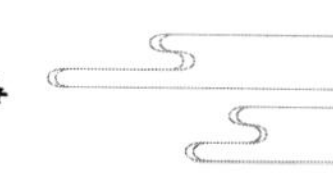

弟皆学勤；尔能和，二弟皆学和；尔能孝，二弟皆学孝。尔为一家之表率，慎之慎之！

——节选自《林则徐家书》

【注释】

1. 谕：告诉，吩咐（用于上级对下级或长辈对晚辈）。

2. 汝舟：林则徐长子林汝舟。

3. 编修：官名。翰林院官员。多以殿试一甲第二、三名及庶吉士之留馆者充任，无定员，掌纂修、著述等事。

4. 寸心：内心。

5. 侯官：地名，今福建福州。

【作者生平】

林则徐（1785—1850），清末政治家。字元抚，福建侯官（今福州）人。嘉庆九年（1804）中举，十六年（1811）中进士，选庶吉士。曾与龚自珍、魏源、黄爵滋等人提倡经世之学。道光十八年（1838）在湖广总督任内，严厉禁烟，成效卓著。12 月受命为钦差大臣，前往广东查禁鸦片。次年 3 月抵广州，与两广总督邓廷桢协力查办烟贩，严令英、美烟贩交出鸦片 237 万多斤，在虎门海滩当众销毁；积极筹备海防，屡次打退英军挑衅。1840 年 1 月任两广总督。6 月鸦片战争爆发后，严密设防，使英军在粤无法得逞。林则徐是抵抗西方侵略的爱国政治家。史学界称之为近代中国“开眼看世界的第一人”。

【写作背景】

林则徐长年宦游在外，与家人聚少离多，因此留下十万余字的家书。这些家书内容广博，涉及政事、军务、家教等方面。林则徐共有 3 个儿子和 4 个女儿，他对子女要求极为严格，注重家教传承。在这封家书中，林则徐告诫长子汝舟要勤敬和睦，忌傲慢、奢华、浮躁，成为兄弟子侄的榜样。林则徐一生，为官有道，教子有方，堪称一代人臣典范。

二、励志砺学 知行合一

请完成以下学习任务。

学习任务一：经典伴我前行——读经典、写心得、谈感悟

阅读经典，启迪人生。处于求学求知阶段的同学，通过诵读经典名句，体悟蕴含的哲理和情怀，能坚定崇高的理想信念，踏实上进，以昂扬的姿态积极面对未来。

（一）活动规则

1. 与同学一起诵读本课中“淡泊宁静”的经典名句。

2. 抄写自己喜欢的名句，写下自己的理解和在生活中如何践行的思考。

3. 小组内交流，推荐代表在班内分享。

（二）活动内容

每位同学诵读经典名句，并在下面的方框内抄写喜欢的名句，写下自己的理解和在生活中如何践行的思考。

我喜欢的名句：

____

____

____

我的理解：

____

____

我的行动：

____

____

学习任务二：争当小小演说家

宋代朱熹说：“不以一毫私意自蔽，不以一毫私欲自累。”面对纷繁世事，我们知道哪些是应该做的，才能不为杂念所动摇。那么，在现实生活中，我们应该如何做到淡泊宁静呢？请通过演讲的方式来表达你的想法吧。

（一）活动规则

1. 以“淡泊明志 宁静致远”为主题，开展演讲比赛。比赛以小组为单位共同完成演讲内容构思、撰写和演讲，要求每位组员都参与其中。

2. 演讲内容要结合自身实际和体会，突出亮点，主题鲜明。

3. 选手使用普通话，站立式演讲。

4. 每位选手比赛时间限定在 3~5 分钟，超出或不足相应扣分。

5. 评委由学生推举产生，根据班级人数设立相应奖次和获奖人数。

（二）活动内容

1. 以小组为单位，根据“淡泊明志 宁静致远”主题，构思和撰写演讲词。推选一名表达力强的选手参加班级演讲比赛。

2. 每个小组的参赛选手组内演讲展示，组员互评。
3. 班级内演讲比赛，评选出优秀的小小演说家。

三、妙笔生辉　墨润心田

请完成以下字帖描红。

士君子之所能不能为：君子能为可贵，不能使人必贵己；能为可信，不能使人必信己；能为可用，不能使人必用己。故君子耻不修，不耻见污；耻不信，不耻不见信；耻不能，不耻不见用。是以不诱于誉，不恐于诽，率道而行，端然正己，不为物倾侧，夫是之谓诚君子。《诗》云："温温恭人，维德之基。"此之谓也。

——节选自《荀子·非十二子》

夫君子之行，静以修身，俭以养德。非淡泊无以明志，非宁静无以致远。夫学须静也，才须学也，非学无

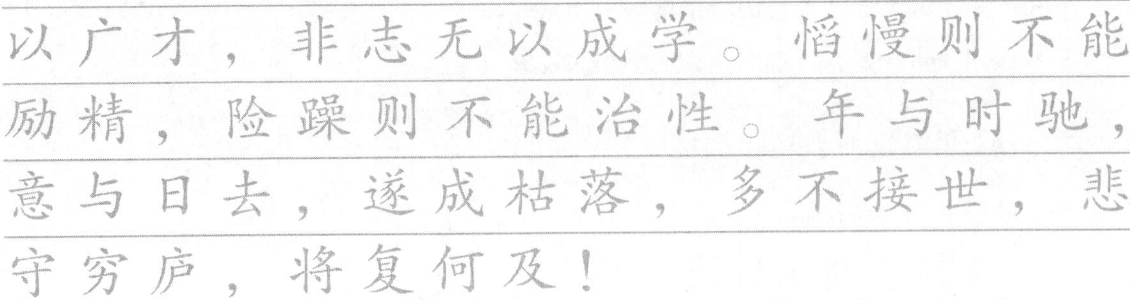
以广才，非志无以成学。慆慢则不能励精，险躁则不能治性。年与时驰，意与日去，遂成枯落，多不接世，悲守穷庐，将复何及！

——节选自诸葛亮《诫子书》

字谕汝舟儿：……尔年才二十八，已成进士，授职编修，是为侥幸成名，切不可自满。宜守三戒：一戒傲慢，二戒奢华，三戒浮躁。尔既奉母弟居京华，务宜体吾寸心，常持勤敬与和睦。凡家庭间能守得几分勤敬，未有不兴；能守得几分和睦，未有不发。若不勤不和之家，未有不败者也。尔昔在侯官，将此四字于族或人家验之，必以吾言为有证也。尔性懒，书案上诗文乱堆，不好收拾洁净，此是败家气象，嗣后务宜痛改，细心收拾，即一纸一缕，皆宜捡拾伶俐，以为弟辈之榜样。……尔能勤，

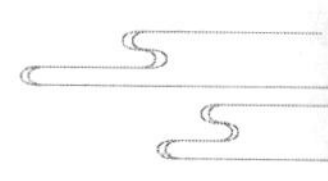

二弟皆学勤；尔能和，二弟皆学和；尔能孝，二弟皆学孝。尔为一家之表率，慎之慎之！

——节选自《林则徐家书》

第七课　学无止境

一、文润心田　书香同行

扫二维码，听朗诵录音；结合注释、作者生平和写作背景，体会诗文中蕴含的思想感情。

学恶（wū）[1]乎始？恶乎终？曰：其数[2]则始乎诵经，终乎读礼；其义[3]则始乎为士，终乎为圣人。真积力久则入，学至乎没（mò）[4]而后止也。故学数有终，若其义则不可须臾舍也。为之，人也；舍之，禽兽也。

——节选自《荀子·劝学》

【注释】

1. 恶：何处，哪里。
2. 数：数术，即方法、办法。
3. 义：意义。
4. 没：同“殁”，死亡。

【作者生平】

略。

【写作背景】

战国后期，我国社会经历着划时代的变革。许多思想家从不同的立场和角度出发，对当时的社会变革发表各自的主张，并逐渐形成儒家、道家、墨家和法家等不同的派别。诸子百家纷纷著书立说，宣传自己的主张，出现了“百家争鸣”的局面。

荀子作为战国后期儒家的代表人物，与孟子的性善论不同，他提出性恶论。他认为人性是恶的，但后天的客观环境可以使它改变，所以他特别重视学习，鼓励人们学习。《荀子·劝学》篇是《荀子》一书开宗明义的第一篇，以“学不可以已”作为贯穿全文的中心思想，论述了人的后天学习、改造的重要性及其途径方法，特别强调勤学、专一、礼法、贤师益友的作用。教材节选部分阐述了学习的内容和方法。

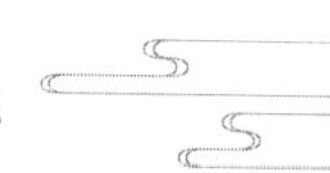

虽有嘉肴[1]，弗食，不知其旨[2]也；虽有至道[3]，弗学，不知其善[4]也。是故[5]学然后知不足，教然后知困[6]。知不足，然后能自反[7]也；知困，然后能自强（qiǎng）[8]也。故曰：教学相长（zhǎng）[9]也。

——节选自《礼记·学记》

【注释】

1. 嘉肴：美味的食物。肴，熟的鱼肉等。
2. 旨：味美。
3. 至道：最好的道理。
4. 善：好。
5. 是故：因此。
6. 困：困惑。
7. 自反：反过来要求自己，即自我反思。
8. 自强：自己奋发图强。强，使……强。
9. 教学相长：教和学是互相推动、互相促进的。

【作者生平】

《礼记》是中国古代儒家经典之一。西汉宣帝（前73—前49）时，戴德、戴圣从秦汉以前各种礼仪论著中辑录了两个选本，分别被后人称为《大戴礼记》和《小戴礼记》，后者一般简称为《礼记》。《礼记》共四十九篇，汉代郑玄作注，唐代孔颖达作正义。《礼记》内容博杂，记述了儒家礼教学说和先秦典章制度、风俗习惯等，是研究中国古代社会情况、典章制度和儒家思想的重要著作。

【写作背景】

《礼记》主要记载先秦的礼制，反映了先秦儒家在哲学、教育、政治等方面的思想。《学记》是《礼记》中的一篇，阐述了儒家的教育思想。《学记》汲取各家教学成功与失败的经验教训，系统地阐述了教育的目的、教学的原则和方法、教学制度、教师的地位和作用等，篇中强调尊师重教、教学相长、循序渐进、触类旁通、师德师风、择师之道等。

教材节选部分阐述了教与学的辩证关系，认为教与学是教学过程的两个方面，两者是相辅相成的。这是《学记》教育思想的精华，至今仍对我们有启发。

国子先生[1]晨入太学，招诸生立馆[2]下，诲之曰："业[3]精于勤荒于嬉（xī）[4]，行成于思[5]毁于随[6]。方今圣贤[7]相逢，治具[8]毕张[9]。拔去凶邪[10]，登崇畯（jùn）良[11]。占小善者率以录[12]，名一艺者无不庸[13]。爬罗剔抉[14]，刮垢磨光[15]。盖有幸而获选，孰云多而不扬[16]？诸生业患不能精，无患有司[17]之不明[18]；行患不能成，无患有司之不公。”

——节选自韩愈《进学解》

【注释】

1. 国子先生：唐代对国子博士（官名）的尊称。元和七年（812）春，韩愈为国子博士，此为作者自称。唐代主管教育的机构为国子监，下设国子学、太学等七学，各学置博士，负责教学。

2. 馆：学舍。

3. 业：学业。

4. 嬉：游戏，玩耍。

5. 行成于思：德行由于独立思考而有所成就。行，德行。思，思考。

6. 随：因循随俗。

7. 圣贤：指圣君、贤臣。

8. 治具：治理的工具，主要指法令。

9. 毕张：全部得以实施。

10. 凶邪：凶恶奸邪之人。

11. 登崇畯良：提拔才德优良的人。畯，同“俊”。

12. 占小善者率以录：具备一点优点的人大都被录用。占，有，具备。率，都。录，录用。

13. 庸：同“用”，被任用。

14. 爬罗剔抉：指搜罗、选拔人才。爬，爬梳。罗，搜罗。剔，剔除。抉，选择。

15. 刮垢磨光：指精心造就人才。刮垢，刮去污垢。磨光，磨去毛瑕，使之光洁。

16. 盖有幸而获选，孰云多而不扬：意思是说只有才行有所不及侥幸被选拔的人，而绝无才行优异而不被提举的人。扬，提举。

17. 有司：负责选拔人才的官吏。

18. 明：明察。

【作者生平】

韩愈（768—824），字退之，河南河阳（今河南省孟州）人。祖籍昌黎（今辽宁义县），世称“韩昌黎”。唐代中期文学家、思想家、教育家。元和十二年（817），从宰相裴度平淮西之乱，任行军司马。淮西平定后，升任刑部侍郎。元和十四年（819），因谏阻宪宗迎佛骨，触怒宪宗，被贬为潮州刺史。宦海沉浮，累迁吏部侍郎，人称“韩吏部”。824年韩愈病逝，谥号为“文”，故称“韩文公”。

韩愈作为唐代古文运动的倡导者，名列“唐宋八大家”之首，与柳宗元并称“韩柳”。韩愈倡导“文道合一”“气盛言宜”“务去陈言”“文从字顺”等著书思想，对后世影响很大。韩愈的文章遒劲有力，条理畅达，语言精练，为司马迁之后文学史上杰出的散文大家。他开了“以文为诗”的风气，对后来的宋诗影响很大。有《昌黎先生集》。

【写作背景】

这篇文章约创作于唐宪宗元和八年（813），当时韩愈再降为国子学博士，心怀愤懑，作此文以自喻。进学，意谓勉励生徒刻苦学习，在学业、德行方面求取进步。解，解说，分析。全文假托先生劝学、生徒质问、先生再予解答的对话形式，抒发作者长期不受重用，反遭贬斥的不满情绪，也暗藏着对当时执政者不以才德取人、用人不公不明的讽刺。

《进学解》属于辞赋一类，押韵和对偶句的运用，使文章音调和谐，语句整齐流畅，增强了艺术感染力。同时，在内容上表达了封建时代正直而有才华、有抱负的知识分子的苦闷，批判了不合理的社会现象，具有典型意义，故而传诵不绝。

观书有感

［宋］朱熹

半亩方塘一鉴开[1]，天光云影共徘徊[2]。

问渠那（nǎ）得清如许[3]？为[4]有源头活水[5]来。

【注释】

1. 一鉴开：一塘的水看起来像打开的一面镜子。鉴，镜子。

2. 天光云影共徘徊：天空的光彩和浮云的影子映射在塘水之中，不停地摇动，犹如人在徘徊。徘徊，来回移动。

3. 问渠那得清如许：要问为什么那方塘的水会这样清澈呢？渠，指方塘之水。那得，怎么会。“那”，同“哪”。

4. 为：因为。

5. 源头活水：永不枯竭的源头为它源源不断地输送活水。比喻知识是不断更新和发展的，要在学习中不断探索，汲取新知。

【作者生平】

朱熹（1130—1200），字元晦，号晦庵。谥号文。祖籍徽州婺源（今属江西），出生于南剑州尤溪（今属福建）。南宋著名的理学家、教育家、诗人、闽学派的代表人物，世称朱子。青年时师从李侗，为二程（程颢、程颐）弟子。博览群书，广注典籍，对经学、史学、文学、乐律等有不同程度贡献。曾任知南康军（治所在今江西庐山市）、漳州（今属福建）

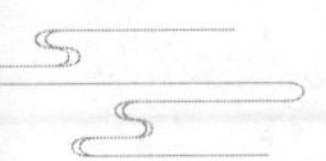

知州、湖南安抚使等职。在做地方官时，注重减轻人民负担和兴办教育事业。主张抗金，反对言和，认为“和议有百害而无一利”。强调“蓄锐待时”，反对盲目用兵。由于主和派当权，朱熹被革除官职。朱熹讲学不倦，著作很多，有《四书章句集注》《周易本义》等。

朱熹在哲学上发展了程颐、程颢关于理气关系的学说，集理学之大成，建立了完整的理气一元论思想体系，世称“程朱理学”。其理论思想在明清两代被提到儒学正宗的地位，成为官方意识形态。其博览和缜密分析的学风对后世学者很有影响。

【写作背景】

《观书有感》这首诗约写于南宋淳熙三年（1176）春。朱熹游学三清山，在三清山的三清宫游憩时触景顿悟，有感而发作此诗。

这是一首抒发读书体会的哲理诗。诗人借景喻理，借助池塘水清因有活水注入的现象，表达要不断接受新事物，才能保持思想活跃与进步的想法。

二、励志砺学　知行合一

请完成以下学习任务。

学习任务一：鉴古知今，学史明智

北宋政治家、文学家、史学家欧阳修，曾任翰林学士、枢密副使、参知政事等职，虽然政务繁忙，但他始终勤奋好学，勤于思考，笔耕不辍，就像他在《归田录》中所说：“余平生所作文章，多在三上，乃马上、枕上、厕上也。盖惟此尤可以属思尔。”他在查阅了大量资料的基础上，研究并写成金石学著作《集古录》，史学名著《五代史记》等。他结合对现实、历史、人生的深刻思考，创作了《醉翁亭记》《秋声赋》等一系列脍炙人口的作品，名列“唐宋八大家”之一。我们作为青年学生，要多读书了解历史，从古代先贤的智慧中汲取养分，刻苦学习文化知识，不断增强专业技能，尽快成长为高素质技术技能人才、能工巧匠、大国工匠，为国家建设和发展贡献青春和力量。

（一）活动规则

1. 课前利用网络搜集欧阳修等古代先贤刻苦学习、学有所成的故事。

2. 课上以 4~6 人为一小组，在组内用简练的语言互相分享自己搜集到的故事。

3. 每组选出一位同学，在全班进行分享。

（二）活动内容

1. 查阅资料，搜集体现古代先贤刻苦学习、学有所成的故事及案例，思考每个故事蕴含的道理及现实意义。

2. 各小组成员对本组搜集的故事或者案例进行讨论，评选优秀的故事和案例参与班级分享。

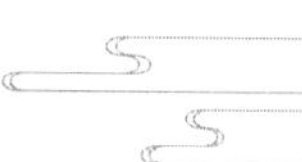

3. 课上以小组为单位，每组选择一位代表进行成果分享，并请全体同学结合分享案例思考：自己该怎样认真学习不断成长。

4. 小组汇报完毕，其他小组对该组的活动成果进行评价。

学习任务二：讲励志故事，激发学习热情

自古以来，有识之士就把终身学习作为修身良方。元末明初，著名政治家、文学家、史学家、思想家宋濂从小就酷爱读书。家里买不起书，他就千方百计借书、抄书。宋濂把学有所得看成是人生乐趣，经常和儒学大家进行学术交流、思想碰撞，对政治、文学、史学等诸多典籍都有涉猎。经过多年的修习，他成长为散文创作的“一代之宗”，被明太祖朱元璋称为“开国文臣之首”。他的作品《送东阳马生序》至今家喻户晓。今天，我们作为技工院校学生认真学习理论，刻苦钻研技术，明天，我们作为高技能人才，在技能创新岗位上，继续挑战自我、保持学习，续写精彩人生。

（一）活动规则

1. 思考所了解的保持终身学习并学有所得的故事。

2. 课上以 4~6 人为一小组，进行讨论，完成表格。

3. 每组同学在小组内进行分享，选出优秀代表在班级分享。

（二）活动内容

每位同学在他人分享时做好记录。

序号	故事	内容摘要	表达了什么？我们该如何去做？
1			
2			
3			
4			
5			

三、妙笔生辉　墨润心田

请完成以下字帖描红。

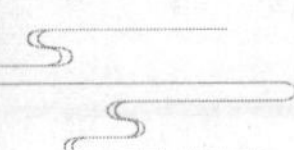

学恶乎始？恶乎终？曰：其数则始乎诵经，终乎读礼；其义则始乎为士，终乎为圣人。真积力久则入，学至乎没而后止也。故学数有终，若其义则不可须臾舍也。为之，人也；舍之，禽兽也。

——节选自《荀子·劝学》

虽有嘉肴，弗食，不知其旨也；虽有至道，弗学，不知其善也。是故学然后知不足，教然后知困。知不足，然后能自反也；知困，然后能自强也。故曰：教学相长也。

——节选自《礼记·学记》

国子先生晨入太学，招诸生立馆下，诲之曰："业精于勤荒于嬉，行成于思毁于随。方今圣贤相逢，治具毕张。拔去凶邪，登崇畯良。占小善

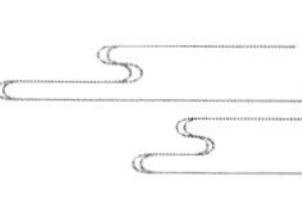

者率以录，名一艺者无不庸。爬罗剔抉，刮垢磨光。盖有幸而获选，孰云多而不扬？诸生业患不能精，无患有司之不明；行患不能成，无患有司之不公。”

——节选自韩愈《进学解》

观书有感

［宋］朱熹

半亩方塘一鉴开，
天光云影共徘徊。
问渠那得清如许？
为有源头活水来。

第八课　精益求精

一、文润心田　书香同行

扫二维码，听朗诵录音；结合注释、作者生平和写作背景，体会诗文中蕴含的思想感情。

孔子学琴于师襄(xiāng)[1]子。襄子曰："吾虽以击磬(qìng)为官[2]，然能于琴。今子于琴已习[3]，可以益[4]矣。"孔子曰："丘未得其数[5]也。"有间[6]，曰："已习其数，可以益矣。"孔子曰："丘未得其志[7]也。"有间，曰："已习其志，可以益矣。"孔子曰："丘未得其为人[8]也。"

有间，曰："孔子有所缪(miù)然[9]思焉，有所睪(gāo)然[10]高望而远眺(tiào)。"曰："丘迨(dài)[11]得其为人矣，黮(dǎn)[12]而黑，颀然[13]长，旷如望羊[14]，奄有四方[15]。非文王其孰能为此?"

师襄子避席叶拱(gǒng)[16]而对曰："君子圣人也，其传曰《文王操》[17]。"

——节选自《孔子家语·辨乐解》

【注释】

1. 师襄：春秋时鲁国乐官，孔子曾向其学琴。
2. 以击磬为官：指击磬的乐官。磬，古代打击乐器，用玉或石制成。
3. 习：熟习，熟练。
4. 益：增加，加多。指增加新内容，学习新内容。
5. 数：技巧，弹奏的手法。
6. 有间：过了一段时间。
7. 志：指要旨，要领，通过乐曲所表达出的思想感情。
8. 为人：作曲的人。
9. 缪然：穆然深思的样子，缪，同"穆"。
10. 睪然：高高的样子。睪，同"皋"。
11. 迨：至，及，等到。
12. 黮：黑。
13. 颀然：指身材修长的样子。

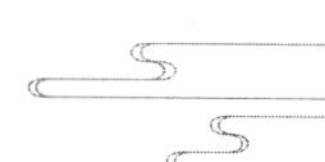

14. 旷如望羊：志向高远的样子。旷，志存高远。望羊，抬头仰视的样子。

15. 奄有四方：统括四方。奄，覆盖，包。

16. 叶拱：古时的一种礼仪，即双手环拱靠近胸口。

17. 文王操：古琴曲名。相传为周文王所作。

【作者生平】

《汉书·艺文志》载有《孔子家语》27卷，久佚，作者不详。今本10卷，44篇。清代孙志祖有《家语疏证》。

【写作背景】

《孔子家语》是记录孔子及孔门弟子思想言行的重要著作。《孔子家语》的内容十分丰富，书中所记为孔子与其弟子、当时君卿大夫等的问对言语，以及关于孔子身世、求学、为政、施教的内容，是研究孔子和孔门弟子及古代儒家思想的重要文献，被学界誉为“孔子研究第一书”。

《孔子家语·辩乐解》是《孔子家语》中第三十五篇。本篇主要记载了孔子“乐”的理论，因此以“辩乐”为篇名。孔子对于音乐以及音乐在社会生活中所起的作用十分重视，对音乐的学习也是十分重视的。本篇生动记载了他在音乐方面不断学习和勤于思考的情况。

干(gān)将[1]者，吴人[2]也，与欧冶子[3]同师，俱[4]能为(wéi)[5]剑。越前来献三枚，阖闾(hé lǘ)[6]得而宝[7]之，以故[8]使剑匠作为二枚，一曰干将，二曰莫邪(yé)。莫邪，干将之妻也。

干将作剑，采五山[9]之铁精、六合[10]之金英[11]，候天伺(cì)地[12]，阴阳同光[13]，百神临观，天气[14]下降，而金铁之精不销[15]沦流[16]。于是干将不知其由[17]。莫邪曰：“子[18]以善[19]为剑闻于王[20]，使[21]子作剑。三月不成，其[22]有意乎？”干将曰：“吾不知其理也。”莫邪曰：“夫神物之化，须人而成。今夫子[23]作剑，得无[24]得其人而后成乎？”干将曰：“昔吾师作冶，金铁之类不销，夫妻俱入冶炉中，然后成物。至今后世，即山作冶，麻绖(dié)[25]葌(jiān)服[26]，然后敢铸金于山。今吾作剑，不变化者，其若斯耶？”莫邪曰：“先师亲烁[27]身以成物，吾何难哉？”于是干将妻乃断发剪爪投于炉中。使童女童男三百人鼓橐(tuó)[28]装炭，金铁乃濡[29]，遂以成剑。阳曰干将，阴曰莫邪。阳作龟文，阴作漫理[30]。

干将匿[31]其阳，出其阴而献之，阖闾甚重。

——节选自《吴越春秋·阖闾内传》

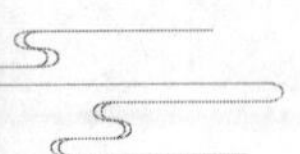

【注释】

1. 干将：传说中的春秋末年吴国铸剑名匠。

2. 吴人：春秋时期吴国人。

3. 欧冶子：春秋时人。善铸剑。相传曾为越王勾践铸湛卢、巨阙、胜邪（一作“镆铘”）、鱼肠、纯钧五剑。又与干将为楚昭王铸龙渊、泰阿、工布（一作“工市”）三剑。

4. 俱：全，都。

5. 为：做。

6. 阖闾：中国春秋末期吴国国君。

7. 宝：以……为宝贝，意动用法，以之为宝，把它当作宝贝。

8. 以故：因此。

9. 五山：五方名山，代指天下名山。

10. 六合：指上下和东西南北四方。

11. 金英：与前文“铁精”形成呼应，意为金属精华。

12. 候天伺地：等待天时和地利。

13. 光：照耀。

14. 天气：大自然的元气，一说指气温。

15. 销：金属熔化。

16. 沦流：流动。

17. 由：原因。

18. 子：你。

19. 善：擅长。

20. 闻于王：被王知道。

21. 使：命令。

22. 其：同“岂”，是否。

23. 夫子：古代妻子对丈夫的尊称。

24. 得无：恐怕，是否，莫非。

25. 绖：古代丧期系在腰间或头上的麻带。

26. 蓑服：茅草衣，这里用作动词。

27. 烁：同“铄”，熔化。

28. 橐：用牛皮制成的两头相通的袋状鼓风设备，它的作用类似后世的风箱。

29. 濡：湿润，柔软，此处指熔化。

30. 漫理：如水漫流的纹理。

31. 匿：隐藏。

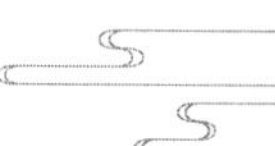

【作者生平】

《吴越春秋》是一部史学著作，成书于东汉，赵晔撰。它主要记述了吴国自太伯至夫差、越国自无余至勾践的史事。其内容不拘泥于史实，加入了一些民间传说，是研究吴越历史的重要历史文献。赵晔，东汉经学家、史学家。字长君。会稽山阴（今浙江绍兴）人。约生活于明帝、章帝前后。初曾任县吏，因耻于奉迎而辞。后从杜抚习《韩诗》，穷究其术。至师杜抚死，才归故里。州上召补从事，不就。后卒于家。著有《吴越春秋》，记载吴、越二国历史，编年记事，内容多为他书所未载。

【写作背景】

《吴越春秋·阖闾内传》记述了吴王阖闾从建城到称霸一方的过程，干将铸剑为其中的一个故事。作者讲述了阖闾将城墙筑成后，派人去请干将铸造两把宝剑，干将和妻子莫邪集天时、地利、人和，合力铸成举世无双宝剑的全过程。

二、励志砺学　知行合一

请完成以下学习任务。

学习任务一：学习“执着专注、精益求精”的优秀品质

张仲景的家乡经历过几次大的瘟疫，他身边的亲人和乡亲病死很多，他非常痛心并决心拜师学医救治病人。在老师指导下，他阅读了大量医书，吸收百家之长并用于临床实践，很快成为当地的名医。为了更好地丰富学识经验、提升诊治水平，张仲景遍访民间搜集药方，虚心求教同行探讨医术，通过治疗众多病例积累了丰富的临床经验。他编写的《伤寒杂病论》等医学著作对中医学的发展起到了巨大的推动作用，受到了历代医学家的肯定和推崇。张仲景也因为精湛的医术和良好的医德被后人尊为“医圣”。

我们要执着专注、精益求精、勤学善思，努力丰富知识储备，不断锤炼专业技能，尽快成长为高素质技能型人才，担当起服务国家建设的责任和使命。

（一）活动规则

1. 搜集体现“执着专注、精益求精”优秀品质的故事。

2. 写一篇不少于200字的读后感，结合专业学习谈谈自己怎样才能做到“执着专注、精益求精”。

3. 课上以4~6人为一小组，在组内分享自己搜集到的故事和读后感。

4. 每组选出一位同学，在全班进行分享。

（二）活动内容

1. 简写搜集到的体现“执着专注、精益求精”优秀品质的故事。

2. 撰写读后感。

学习任务二：讲名家故事，立成才之志

千百年来，无数勤劳智慧的中华儿女，在看似平凡的工作中刻苦钻研、精益求精，创造了无数辉煌灿烂的成果。当下，我们正走在中华民族伟大复兴的道路上，作为即将成为新时代建设者的青年学生，我们应该把学习和思考当成责任，把专注和坚持作为担当，学习历代大国工匠敬业勤勉、精益求精的职业态度，锻造纯熟的职业技能，为早日成长为大国工匠打下坚实的基础。

（一）活动规则

1. 搜集 1~2 个你所了解的大国工匠精益求精的故事。
2. 课上以 4~6 人为一小组，讨论大国工匠为什么能够做到精益求精。
3. 在组内谈一下自己的职业发展方向，并探讨怎样才能成长为精益求精的大国工匠。

（二）活动内容

在讨论的时填写下列表格。

我最敬佩的大国工匠	
我的感想	

三、妙笔生辉　墨润心田

请完成以下字帖描红。

孔子学琴于师襄子。襄子曰："吾虽以击磬为官，然能于琴。今子于琴已习，可以益矣。"孔子曰："丘未得其数也。"有间，曰："已习其数，可以益矣。"孔子曰："丘未得其志也。"有间，曰："已习其志，可以益矣。"孔子曰："丘未得其为人也。"

有间，曰："孔子有所缪然思焉，有所睪然高望而远眺。"曰："丘迨得其为人矣，黮而黑，颀然长，旷如望羊，奄有四方。非文王其孰能为此？"

师襄子避席叶拱而对曰："君子圣人也，其传曰《文王操》。"

——节选自《孔子家语·辩乐解》

干将者，吴人也，与欧冶子同师，俱能为剑。越前来献三枚，阖闾得而宝之，以故使剑匠作为二枚，一曰干将，二曰莫邪。莫邪，干将之妻也。

干将作剑，采五山之铁精、六合之金英，候天伺地，阴阳同光，百神临观，天气下降，而金铁之精不销沦流。于是干将不知其由。莫邪曰："子以善为剑闻于王，使子作剑。三

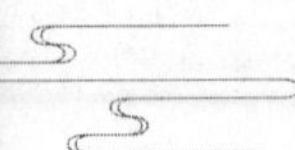

月不成，其有意乎？”干将曰：“吾不知其理也。”莫邪曰：“夫神物之化，须人而成。今夫子作剑，得无得其人而后成乎？”干将曰：“昔吾师作冶，金铁之类不销，夫妻俱入冶炉中，然后成物。至今后世，即山作冶，麻绖䔢服，然后敢铸金于山。今吾作剑，不变化者，其若斯耶？”莫邪曰：“先师亲烁身以成物，吾何难哉？”于是干将妻乃断发剪爪投于炉中。使童女童男三百人鼓橐装炭，金铁乃濡，遂以成剑。阳曰干将，阴曰莫邪。阳作龟文，阴作漫理。

干将匿其阳，出其阴而献之，阖闾甚重。

——节选自《吴越春秋·阖闾内传》

哲人之思

第九课　四心四端

一、文润心田　书香同行

扫二维码，听朗诵录音；结合注释、作者生平和写作背景，体会诗文中蕴含的思想感情。

由是观之，无恻隐[1]之心，非[2]人也；无羞恶之心，非人也；无辞让之心，非人也；无是非之心，非人也。恻隐之心，仁之端[3]也；羞恶之心，义之端也；辞让之心，礼之端也；是非之心，智之端也。人之有是四端也，犹[4]其有四体[5]也。有是四端而自谓不能者，自贼[6]者也；谓其君不能者，贼其君者也。凡有四端于我[7]者，知皆扩而充之矣，若火之始然[8]，泉之始达。苟[9]能充之，足以保[10]四海；苟不充之，不足以事父母。

——节选自《孟子·公孙丑上》

【注释】

1. 恻隐：同情，怜悯。
2. 非：不是。
3. 端：开端，起源。
4. 犹：如，同。
5. 四体：四肢。
6. 贼：中伤，败坏。
7. 我：自己。
8. 然：同“燃”。
9. 苟：如果，假如。
10. 保：安定，安抚。

【作者生平】

孟子（约前372—前289），名轲，字子舆，邹（今山东邹城）人。战国时期思想家、政治家、教育家，是儒家学派的代表人物之一，与孔子并称“孔孟”，有“亚圣”之称。

孟子是鲁国贵族孟孙氏之后，出生时，家道已衰落。幼年丧父，主要由母亲抚养成人。孟母很重视对孟子的教育，留下“孟母三迁”“孟母断机杼”的典故。孟子长大成人后，曾受业于孔子的孙子子思的门人。学成之后，收徒讲学，游说诸侯，到过魏、齐、宋、滕等国。孟子曾为客卿数年，但其政治学说始终未能得到实施。晚年回到邹地，专心从事教育活动，与弟子万章、公孙丑等整理《诗经》《尚书》，阐发孔子思想，著成《孟子》。

【写作背景】

《孟子》由孟子与其弟子万章、公孙丑等共同编纂而成，主要记录孟子的言行和政治学说，约成书于战国中期。《孟子》全书现存7篇，体裁与《论语》大致相似。每篇分上下，以开头文字作篇名。南宋朱熹把《孟子》与《论语》《大学》《中庸》合在一起，并称“四书”，并编《四书章句集注》。《孟子》一书作为孟子主要言行的汇编，集中反映了他作为先秦儒家主要代表的基本思想，是中国思想史和儒学史上重要的典籍，在历史上有极大的影响。《孟子·公孙丑上》共9章，内容主要是论述仁政的问题。孟子在这一章中抨击了当时诸侯的暴政，劝说当时的君王推行仁政，从而实现一统天下的“王道”。同时，孟子还论及个人修养以及人性等方面的问题，提出“知言”、养“浩然之气”“四端说”等重要观点。

乃[1]若其情，则可以为善矣，乃[2]所谓善也。若夫为不善，非才之罪也。恻隐之心，人皆有之；羞恶之心，人皆有之；恭敬之心，人皆有之；是非之心，人皆有之。恻隐之心，仁也；羞恶之心，义也；恭敬之心，礼也；是非之心，智也。仁义礼智，非由外铄[3]我也，我固[4]有之也，弗[5]思耳矣。故曰：“求则得之，舍则失之。”或相倍蓰[6]而无算者，不能尽其才者也。

——节选自《孟子·告子上》

【注释】

1. 乃：至于。
2. 乃：这才，才。
3. 铄：渗透。
4. 固：本来。
5. 弗：不。
6. 倍蓰：泛指几倍。

【作者生平】

略。

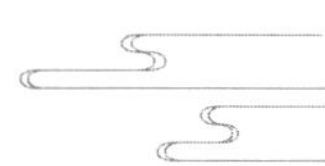

【写作背景】

《孟子·告子上》共20章。记录了孟子与告子围绕人性问题所展开的辩论，阐述了人性本善的观点，也谈到人的本性的保持问题。告子是战国时期思想家，与孟子同时。告子认为人性没有善恶之分，人性中的善是后天努力得来的；孟子则认为人的善性是上天赋予的。在教材节选的部分中，孟子指出恻隐、羞恶、恭敬、是非之心，“人皆有之”，这几种“心”是性善的根据，是仁、义、礼、智这些美德的萌芽，是人与生俱来的天赋。人之所以会变恶，是由于环境影响而不能尽其才的缘故。

二、励志砺学　知行合一

请完成以下学习任务。

学习任务一：“道德选择”课堂情景剧

孟子提出了“四心四端”说。他把“四心”作为评判人格心性的起码价值尺度。其中，恻隐之心是仁爱的发端。对遭受不幸的人，我们应抱有同情心，伸手援助。但如今很多人都失去恻隐之心。比如，有人看到老人摔倒，选择冷漠无视，直接走掉。

请你回想自己在生活中遇到过或者见过、听过的道德两难的问题，并以课堂情景剧的形式进行表演，在表演中做出正确的道德选择。

（一）活动规则

1. 以4~6人为一小组，课前自行制定情景剧剧本，准备所需道具，进行角色分配，完成情景剧表演排练。

2. 情景剧本编排要合理，突出主题，表达正确价值观。

3. 课上分组进行表演展示。

（二）活动内容

每位同学在情景剧展示时做好记录。

序号	故事名	内容摘要	正确的道德选择
1			
2			

学习任务二：“学会谦让”主题班会

孟子曰：“辞让之心，礼之端也。”谦让是一种智慧、一种德行、一种风度。在当今社会，学会谦让仍然是一件必要的事情。

（一）活动规则

1. 以 4~6 人为一小组，课前收集关于“谦让”的小故事和名言警句。

2. 课上各组分享收集的小故事和名言警句。

（二）活动内容

1. 小故事大道理：以小组为单位进行故事和名言警句的分享，了解“谦让”的内涵和意义。

2. 为“谦让”点赞：请总结反思自身在家庭和学校与人相处情况。小组成员间就“谦让”行为互相分享，了解自己和他人的优点和不足，互相学习，共同进步。

三、妙笔生辉　墨润心田

请完成以下字帖描红。

由是观之，无恻隐之心，非人也；无羞恶之心，非人也；无辞让之心，非人也；无是非之心，非人也。恻隐之心，仁之端也；羞恶之心，义之端也；辞让之心，礼之端也；是非之心，智之端也。人之有是四端也，犹其有四体也。有是四端而自谓不能者，自贼者也；谓其君不能者，贼其君者也。凡有四端于我者，知皆扩而充之矣，若火之始然，泉之始达。苟能充之，足以保四海；苟不充之，不足以事父母。

——节选自《孟子 · 公孙丑上》

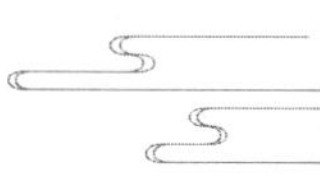

乃若其情，则可以为善矣，乃所谓善也。若夫为不善，非才之罪也。恻隐之心，人皆有之；羞恶之心，人皆有之；恭敬之心，人皆有之；是非之心，人皆有之。恻隐之心，仁也；羞恶之心，义也；恭敬之心，礼也；是非之心，智也。仁义礼智，非由外铄我也，我固有之也，弗思耳矣。故曰："求则得之，舍则失之。"或相倍蓰而无算者，不能尽其才者也。

——节选自《孟子·告子上》

第十课　化性起伪

一、文润心田　书香同行

扫二维码，听朗诵录音；结合注释、作者生平和写作背景，体会诗文中蕴含的思想感情。

“凡[1]性[2]者，天之就[3]也，不可学，不可事[4]；礼义者，圣人之所生也，人之所学而能，所事而成者也。不可学、不可事而在人者谓之性，可学而能、可事而成之在人者谓之伪[5]。是性、伪之分也。……今人之性，饥而欲[6]饱，寒而欲暖，劳而欲休，此人之情性[7]也。今人饥，见长[8]而不敢先食者，将有所让[9]也；劳而不敢求息者，将有所代[10]也。夫子之让乎父、弟之让乎兄，子之代乎父、弟之代乎兄，此二行者，皆反于性而悖于情也；然而孝子之道，礼义之文理也。故顺情性则不辞让矣，辞让则悖于情性矣。用此观之，然则人之性恶明矣，其善者伪也。”

——节选自《荀子·性恶》

【注释】

1. 凡：凡是。
2. 性：人的本性。
3. 就：造就。
4. 事：从事，做，人为。
5. 伪：同“为”，人为。
6. 欲：想要。
7. 情性：人之常情和天性。
8. 见长：看见长者。长，长者，长辈。
9. 让：谦让。
10. 代：代替（劳累）。

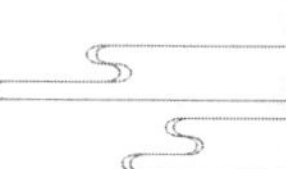

【作者生平】

略。

【写作背景】

荀子针对孟子的性善论，提出性恶论。他认为，自然而就的谓之“性”，后天人为的谓之“伪”。人若放纵“好利”“好声色”的本性，必导致争斗暴力。故圣人出而制定礼法，教化人们，于是辞让行，文理通，天下治。在此基础上，他提出“人之性恶，其善者伪也”的著名论点。《荀子·性恶》系统阐述了荀子“性恶论”思想。全篇围绕着“人之性恶，其善者伪也”的观点展开。荀子所谓的“性”，是“不可学、不可事而在人者”，即天性，也就是文中提到的“情性”；而“伪”，则是“可学而能、可事而成之在人者”，即后天的努力、环境和教育。荀子认为人生而有耳目口腹之欲，贪利争夺之心，所以其天性是恶的。因此，需要通过学习去改变、矫正恶的天性，此即“化性起伪”。荀子的性恶论思想是在战国时期礼崩乐坏、战乱不断的大时代背景下产生的，具有极强的现实意义，是对儒家思想的发展。

故圣人化性而起伪[1]，伪起而生礼义，礼义生而制法度。然则礼义法度者，是圣人之所生也。故圣人之所以同于众，其不异于众者，性也；所以异而过众者，伪也。夫好利而欲得者，此人之情性也。假之[2]人有弟兄资财而分者，且顺情性，好利而欲得，若是则兄弟相拂夺[3]矣；且化礼义之文理，若是则让乎国人矣。故顺情性则弟兄争矣，化礼义则让乎国人矣。

——节选自《荀子·性恶》

【注释】

1. 起伪：倡导人为的努力。
2. 假之：假如。
3. 拂夺：争夺。

【作者生平】

略。

【写作背景】

略。

二、励志砺学　知行合一

请完成以下学习任务。

学习任务一：“人性本恶”辩论赛

荀子提出人性学说的主要目的就是为了强调后天道德教化对提高人们道德修养的重要性，其思想在当时社会具有现实性和可行性，产生了重要影响。新时代，我们应以发展的眼光和态度进一步深入了解荀子“化性起伪”思想，为价值观的培养与塑造提供更加有益的指导。通过组织关于人性善恶的辩论赛，我们可以进一步了解中国传统文化中荀子“化性起伪”思想，重视教育的力量和作用，促进良好道德观念和行为习惯的形成。

（一）活动规则

1. 以 4~6 人为一小组，各小组制订活动计划，做好人员分工，明确一辩、二辩、三辩、四辩人员。

2. 查阅资料，按抽签确定的正方辩题“人性本恶”或反方观点“人性本善”组织辩论材料。

3. 明确辩论流程，按“开篇立论——攻辩阶段——小结阶段——自由辩论阶段——总结陈词阶段”5 个环节进行辩论。

4. 确定主持人和评委，明确辩论规则、评分规则和奖励规则。

（二）活动内容

1. 比赛场地、人员配备齐全，参赛人员要熟悉比赛规则，并严格执行。

2. 双方辩手通过广泛查阅资料，交流合作，撰写辩论稿，对论点论据熟记于心，比赛全程要立足论点，思路清晰，做到有理、有利、有节。

3. 评选出最终获胜代表队和“最佳辩手”。

学习任务二：讲述“弃恶从善”的故事

“化性起伪”是荀子教育哲学的核心观点，是指用后天的教育去引导、教化、约束人的自然本性，从而使人们树立正确的道德观念，遵守社会秩序，最终实现社会的安定。“化性起伪”中的“性”与“伪”是一对矛盾的统一体，通过什么办法能够把人的自然天性转变成社会所倡导的正确行为是荀子教育思想的关键。良好的社会环境和家庭环境、恰当的教育方式和教育手段、个体主观能动性的发挥，这几个因素在使人“化性起伪”的过程中，发挥着巨大的作用。我们可以借助从古至今“弃恶从善”的故事来印证。

作为青年学生，我们要以自己的实际行动，遵守社会主义思想道德规范，弘扬社会主义核心价值观，成长为担当民族复兴大任的时代新人。

（一）活动规则

1. 课前搜集从古至今“弃恶从善”的故事。

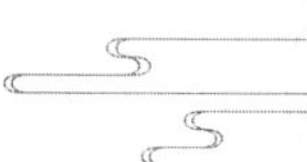

2. 课上以 4~6 人为一小组，在组内分享自己搜集到的故事，用简练的语言、清晰明了地讲述自己所了解到的故事；小组成员共同探讨故事人物弃恶从善背后的原因及启示。

3. 课上每组选举一名代表在全班进行分享。

4. 课下填写“弃恶从善”故事分享卡片，并记录下自己的感悟。

（二）活动内容

每位同学在讲述“弃恶从善”故事的过程中，其他同学注意倾听并做好记录，把自己所搜集的弃恶从善故事写在下面的卡片中，并写出原因和启示。

弃恶从善故事分享卡

弃恶从善故事：

____

____

____

____

他（她）弃恶从善的原因：

____

____

____

____

____

给我的启示：

____

____

____

____

____

三、妙笔生辉　墨润心田

请完成以下字帖描红。

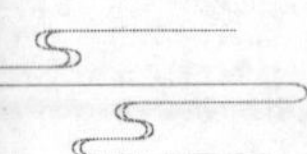

“凡性者，天之就也，不可学，不可事；礼义者，圣人之所生也，人之所学而能，所事而成者也。不可学、不可事而在人者谓之性，可学而能、可事而成之在人者谓之伪。是性、伪之分也。……今人之性，饥而欲饱，寒而欲暖，劳而欲休，此人之情性也。今人饥，见长而不敢先食者，将有所让也；劳而不敢求息者，将有所代也。夫子之让乎父、弟之让乎兄，子之代乎父、弟之代乎兄，此二行者，皆反于性而悖于情也；然而孝子之道，礼义之文理也。故顺情性则不辞让矣，辞让则悖于情性矣。用此观之，然则人之性恶明矣，其善者伪也。”

——节选自《荀子·性恶》

故圣人化性而起伪，伪起而生礼义，礼义生而制法度。然则礼义法度

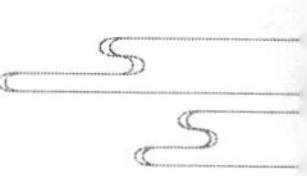

者，是圣人之所生也。故圣人之所以同于众，其不异于众者，性也；所以异而过众者，伪也。夫好利而欲得者，此人之情性也。假之人有弟兄资财而分者，且顺情性，好利而欲得，若是则兄弟相拂夺矣；且化礼义之文理，若是则让乎国人矣。故顺情性则弟兄争矣，化礼义则让乎国人矣。

——节选自《荀子·性恶》

第十一课　居安思危

一、文润心田　书香同行

扫二维码，听朗诵录音；结合注释、作者生平和写作背景，体会诗文中蕴含的思想感情。

晋侯以乐(yuè)之半[1]赐魏绛(jiàng)，曰：“子教寡人和诸戎狄(róng dí)，以正诸华[2]。八年之中，九合[3]诸侯，如乐之和[4]，无所不谐[5]。请与子乐(lè)之。”辞曰：“夫(fú)和戎狄，国之福也。八年之中，九合诸侯，诸侯无慝(tè)[6]，君之灵[7]也，二三子之劳也，臣何力之有焉？抑臣愿君安其乐而思其终也！《诗》[8]曰：‘乐只[9]君子，殿[10]天子之邦。乐只君子，福禄攸(yōu)[11]同，便蕃[12]左右，亦是帅从。’夫乐以安德[13]，义以处之，礼以行之，信以守之，仁以厉[14]之，而后可以殿邦国，同福禄，来远人，所谓乐也。《书》曰：‘居安思危。’思则有备，有备无患，敢以此规[15]。”

——节选自《左传·襄公十一年》

【注释】

1. 乐之半：乐器、乐女的一半。
2. 正诸华：整顿中原诸国。
3. 九合：多次会合。
4. 如乐之和：如同音乐和谐。
5. 谐：协调，和谐。
6. 无慝：不违背。
7. 灵：威。
8. 《诗》：即《诗经》。
9. 乐只：快乐。只，句中助词，不译。
10. 殿：镇抚。
11. 攸：助词，用法相当于“所”。
12. 便蕃：治理。
13. 乐以安德：音乐用以巩固德行。

14. 厉：同“励”，勉励。

15. 规：规劝。

【作者生平】

《左传》，又称《左氏春秋》《春秋左氏传》《春秋内传》，相传为春秋时期鲁国史官左丘明所著，是儒家经典之一。

左丘明，春秋时史学家。鲁国人。一说复姓左丘，名明；一说单姓左，名丘明。相传曾著《左传》，又传《国语》亦出其手。

【写作背景】

《左传》是中国古代一部叙事完备的编年体史书。《左传》不仅记载了春秋时代许多重要史事，还保存了此前的若干传说史料。有些记述已反映出某些进步的思想，如轻视鬼神而注重人事，强调君主忠于人民管好国家等。同时，它也显示出春秋时政治思想的一些特点，如不承认统一的专制君权，宣扬君臣为共同的国家利益而结合，双方都有选择的自由，不主张臣民绝对效忠于君主。

诚能见可欲[1]，则思知足以自戒；将有作[2]，则思知止以安人[3]；念高危，则思谦冲而自牧[4]；惧满盈[5]，则思江海下百川[6]；乐盘游[7]，则思三驱[8]以为度；忧懈怠，则思慎始而敬[9]终；虑壅(yōng)蔽[10]，则思虚心以纳下；想谗(chán)邪[11]，则思正身以黜(chù)恶[12]；恩所加，则思无因喜以谬赏[13]；罚所及，则思无以怒而滥刑。总此十思，宏兹九德[14]，简[15]能而任之，择善而从之，则智者尽其谋，勇者竭其力，仁者播其惠[16]，信者[17]效其忠。

——节选自魏徵《谏太宗十思疏》

【注释】

1. 见可欲：看见自己想要的东西。语出《老子》上篇：“不见可欲，使民心不乱。”下文的“知足”（知道满足）、“知止”（知道适可而止），出自《老子》下篇“知足不辱”“知止不殆”。

2. 作：建造，兴建。指大兴土木，营建宫殿苑囿等。

3. 安人：安民。

4. 念高危，则思谦冲而自牧：想到（自己的君位）高而险，就要不忘谦虚，加强自身的道德修养。冲，虚。牧，养。这里引用了《易经》“卑以自牧”的意思。

5. 满盈：容器中水满则溢出。指骄傲自满，听不进别人意见。

6. 江海下百川：江海居于百川之下。意思是说要有江海容纳众水的度量，善于听取各方面的意见。下，居……之下。

7. 乐盘游：以盘游为乐。盘游，娱乐游逸，指从事狩猎。

8. 三驱：指狩猎有度，不过分捕杀。

9. 敬：慎。

10. 虑壅蔽：担心（耳目被）堵塞、蒙蔽。

11. 谗邪：指爱说坏话陷害别人的邪恶之人。

12. 黜恶：斥退奸恶小人。黜，排斥。

13. 谬赏：不恰当地奖赏。

14. 宏兹九德：弘扬这九德。

15. 简：选拔。

16. 仁者播其惠：仁爱的人广施他们的恩惠。

17. 信者：诚信的人。

【作者生平】

魏徵（580—643），唐初政治家。字玄成，魏郡馆陶（今属河北）人，生于相州内黄（今河南内黄）。少孤贫好学，有大志。隋末农民起义爆发，魏徵诡为道士，以避世乱。后应瓦岗军李密之召，任文学参军，掌书记。武德元年（618），瓦岗军为王世充所败，魏徵随李密投奔李渊。二年十月，魏徵在黎阳被窦建德所俘，任起居舍人。四年，窦建德为唐朝所败，魏徵遂复归长安，任唐太子李建成洗马，劝建成早除李世民（太宗）。及太宗即位，擢为谏议大夫。性刚直，敢于犯颜直谏，前后所奏二百余事，多被采纳。贞观三年（629）任秘书监，参与朝政。后任侍中，封郑国公。当贞观之治已经形成以后，他仍然关心国家的安危。多次劝太宗以隋亡为鉴，居安思危，施行仁义；去奢省费，轻徭薄赋；举贤任能，斥佞退邪；坚持法制，力避任刑；虚怀纳谏，不责过激；偃武修文，少动干戈；善始令终，力防蜕变。

【写作背景】

《谏太宗十思疏》是魏徵于贞观十一年（637）呈给唐太宗的奏章。“疏”，即“奏疏”，是古代大臣向君主提谏的一种文体。太宗年轻时随父打天下，艰苦创业，随着功业已成，开始追求享乐。魏徵为此非常担忧，规谏太宗吸取隋朝灭亡的教训，居安思危，修德图强。

二、励志砺学　知行合一

请完成以下学习任务。

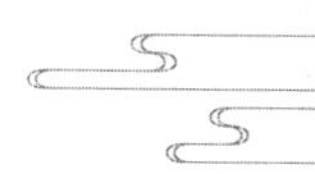

学习任务一：排演舞台剧：伶官天子

教材“博观约取”介绍了伶官天子的故事。同学们可以通过排演这段舞台剧，还原这一历史故事，让同学们更深刻的理解居安思危这一辩证思维，更直观地体会“忧劳可以兴国，逸豫可以亡身”这一历史警诫。

（一）活动规则

1. 制定舞台剧表演方案，按照角色安排同学扮演。

2. 同学们利用课余时间，查找有关资料，了解这段历史，便于塑造人物形象。

3. 舞台剧的时间控制在 20 分钟。

（二）活动内容

舞台剧排练成熟以后，在课上展演。同学们观看之后，写出心得体会。

我的心得体会

____

____

____

____

学习任务二：拍摄小视频“居安思危”

在每一个朝代，都有很多居安思危、励精图治的故事。为进一步加深对居安思危的理解，同学们可以选取真实历史事件，设计剧本并排演制作成小视频。

（一）活动规则

1. 班内同学分为三个小组，每个小组都以“居安思危”为主题拍摄一个小视频。

2. 小视频长度不超过 3 分钟。

3. 视频的内容以中国古代历史文献为依据，不得擅自篡改历史。

（二）活动内容

每个小组通过网络搜索或者到图书馆查阅相关资料，选定一个体现居安思危的历史事件，由组内成员商议确定拍摄思路，并扮演相应角色，合力将其拍摄制作成一个小视频。

三、妙笔生辉　墨润心田

请完成以下字帖描红。

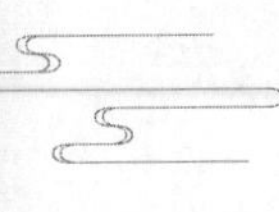

晋侯以乐之半赐魏绛，曰："子教寡人和诸戎狄，以正诸华。八年之中，九合诸侯，如乐之和，无所不谐。请与子乐之。"辞曰："夫和戎狄，国之福也。八年之中，九合诸侯，诸侯无慝，君之灵也，二三子之劳也，臣何力之有焉？抑臣愿君安其乐而思其终也！《诗》曰：'乐只君子，殿天子之邦。乐只君子，福禄攸同，便蕃左右，亦是帅从。'夫乐以安德，义以处之，礼以行之，信以守之，仁以厉之，而后可以殿邦国，同福禄，来远人，所谓乐也。《书》曰：'居安思危。'思则有备，有备无患，敢以此规。"

——节选自《左传·襄公十一年》

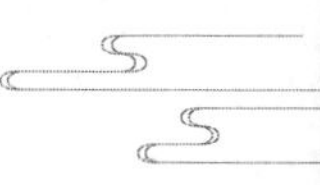

诚能见可欲，则思知足以自戒；将有作，则思知止以安人；念高危，则思谦冲而自牧；惧满盈，则思江海下百川；乐盘游，则思三驱以为度；忧懈怠，则思慎始而敬终；虑壅蔽，则思虚心以纳下；想谗邪，则思正身以黜恶；恩所加，则思无因喜以谬赏；罚所及，则思无以怒而滥刑。总此十思，宏兹九德，简能而任之，择善而从之，则智者尽其谋，勇者竭其力，仁者播其惠，信者效其忠。

——节选自魏徵《谏太宗十思疏》

第十二课　革故鼎新

一、文润心田　书香同行

扫二维码，听朗诵录音；结合注释、作者生平和写作背景，体会诗文中蕴含的思想感情。

公孙鞅（yāng）曰：“臣闻之：‘疑行无成，疑事无功[1]。’君亟（jí）[2]定变法之虑，殆（dài）[3]无顾天下之议之也。且夫有高人之行者，固见负[4]于世；有独知之虑者，必见骜（ào）[5]于民。语曰：‘愚者暗[6]于成事，知[7]者见于未萌……’

…………

法者所以爱民也，礼者所以便事[8]也。是以圣人苟可以强国，不法其故[9]；苟可以利民，不循其礼。”

——节选自《商君书·更法》

【注释】

1. 疑行无成，疑事无功：行动迟疑就不会有什么成就，办事犹疑不决就不会取得成功。疑行、疑事，指做事犹豫不决。
2. 亟：急速，赶快。
3. 殆：必，一定。
4. 负：非议。
5. 骜：同“謷”，诽谤，诋毁。
6. 暗：看不见，不明白。
7. 知：同“智”，聪明。
8. 便事：方便做事，此处指有利于处理政务。
9. 不法其故：不去沿用旧的法度。法，效法。

【作者生平】

《商君书》，又称《商君》或《商子》，是战国时商鞅及其后学著作的合编。商鞅（约前

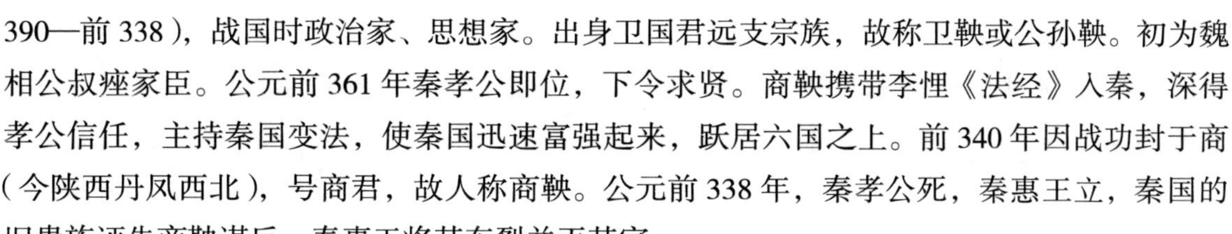

390—前 338），战国时政治家、思想家。出身卫国君远支宗族，故称卫鞅或公孙鞅。初为魏相公叔痤家臣。公元前 361 年秦孝公即位，下令求贤。商鞅携带李悝《法经》入秦，深得孝公信任，主持秦国变法，使秦国迅速富强起来，跃居六国之上。前 340 年因战功封于商（今陕西丹凤西北），号商君，故人称商鞅。公元前 338 年，秦孝公死，秦惠王立，秦国的旧贵族诬告商鞅谋反，秦惠王将其车裂并灭其家。

【写作背景】

《商君书》着重论述了商鞅一派的变法理论和具体措施。商鞅一派主张从法律上保护土地私有权，而把统治权力集中于君主一人，同时反对用诗书礼乐和道德教化的手段治理国家。本篇节选自《商君书·更法》，记载了秦国实行变法之前革新派与守旧派围绕该不该变法，为什么要变法的问题展开的争论。秦孝公接替先君位置，发愤图强，想要通过变更法度来治理国家，改变礼制，教化百姓。商鞅鼓励秦孝公尽快变法，反驳因循守旧的迂腐之论。文中商鞅以古论今，旁征博引，在滔滔雄辩中一展其治世的才能。

今汉继秦之后，如朽木、粪墙[1]矣，虽欲善治之，亡可奈何。法出而奸生，令下而诈起，如以汤[2]止沸，抱薪救火，愈甚亡益也。窃[3]譬(pì)之琴瑟不调，甚者必解而更(gēng)张[4]之，乃可鼓[5]也；为政而不行，甚者必变而更化[6]之，乃可理也。当更张而不更张，虽有良工[7]不能善调也；当更化而不更化，虽有大贤不能善治也。故汉得天下以来，常欲善治而至今不可善治者，失之于当更化而不更化也。

——节选自董仲舒《对贤良策》

【注释】

1. 朽木、粪墙：朽坏的木头、污秽的土墙。
2. 汤：热水。
3. 窃：私自。
4. 更张：指重新调整琴瑟上的弦，使声音和谐。比喻变更或变革。
5. 鼓：弹奏。
6. 更化：更改变化。
7. 工：指乐工。

【作者生平】

董仲舒（前 179—前 104），西汉儒家今文经学大师，思想家和政治家。广川（治今河北景县西南）人。景帝时任博士，讲授《春秋公羊传》。元光元年（前 134），汉武帝举贤良

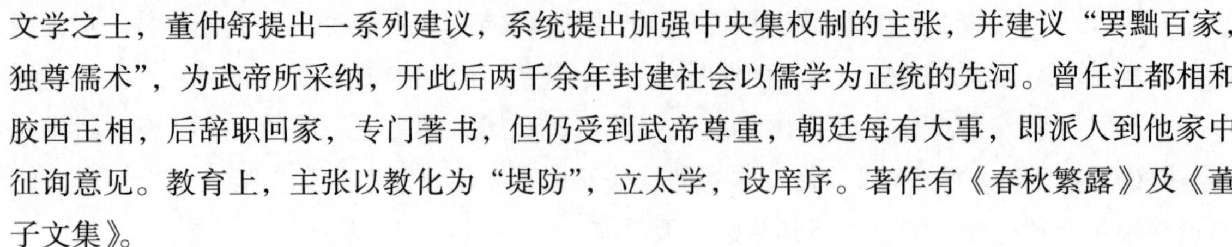

文学之士，董仲舒提出一系列建议，系统提出加强中央集权制的主张，并建议“罢黜百家，独尊儒术”，为武帝所采纳，开此后两千余年封建社会以儒学为正统的先河。曾任江都相和胶西王相，后辞职回家，专门著书，但仍受到武帝尊重，朝廷每有大事，即派人到他家中征询意见。教育上，主张以教化为“堤防”，立太学，设庠序。著作有《春秋繁露》及《董子文集》。

【写作背景】

汉代初期，行“无为”之治，百姓休养生息，却也暴露了不少弊端。汉武帝即位后，想要施行“有为”之治，带着种种疑问，请各地推举贤良人才到朝廷。汉武帝策问董仲舒3次，这3次对策的文字，就是《对贤良策》，又称“天人三策”。

二、励志砺学　知行合一

请完成以下学习任务。

学习任务一：开展社会调查：“移风易俗 我的家乡在进步”

中华传统文化历史悠久。在漫长的岁月中，很多民俗风情被世代传承下来。不可避免的是，部分封建落后的民俗风情也流传至今，影响着人们的思想和生活习惯。党的十八大以来，国家进一步加强社会主义精神文明建设，社会主义核心价值观逐渐深入人心，各地的民俗风情也在慢慢地发生改变。新时代的民俗更加适应现代社会的发展，更加符合社会主义精神文明建设的要求。

（一）活动规则

1. 同学们利用周末、假期休息的时间，深入社区或乡村走访居民，同时借助网络、图书馆、博物馆查阅资料，了解当地民俗风情的时代变迁。

2. 每位同学（每小组）最少找出三项有代表性的民俗改变，了解这些改变给人们带来的积极影响。

3. 做一张知识卡片，主题为“移风易俗，我的家乡在进步”。

（二）活动内容

1. 调查研究可以单个人开展，也可以2~5人组成小组进行。

2. 社会调查的内容要真实。

3. 在社会调查过程中，要尊重当地的风俗人情。

4. 将调查内容填写在下表内。

我的社会调查卡

开展调查的所在地：

____

调查的内容（原有的民俗风情）：

____

____

新旧风俗的变化：

____

____

对人们的积极影响：

____

____

学习任务二：探究闭关锁国政策对清政府的影响

在历朝历代中，很多有作为的统治者都在积极寻求变革，争取让国家更强大。商鞅变法、王安石变法等内部的变革，都让国力变得强大。玄奘取经、郑和下西洋等对外交流，加大了中国与外界的联系，让世界认识了中国。但到了清朝，虽然国力曾经盛极一时，统治者却在鼎盛时期采取了闭关锁国政策，最终导致发展停滞、国力羸弱，被西方列强凌辱，带来了百年屈辱。

（一）活动规则

查找相关资料，了解清政府采取闭关锁国政策的历史背景、带来的危害及影响，从而更加深刻理解“革故鼎新”对社会发展的重要意义，写一篇不少于200字的心得体会。

（二）活动内容

1. 使用网络或者去图书馆查阅相关资料。
2. 撰写一篇心得体会。

三、妙笔生辉　墨润心田

请完成以下字帖描红。

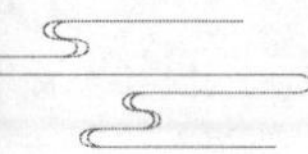

公孙鞅曰："臣闻之：'疑行无成，疑事无功。'君亟定变法之虑，殆无顾天下之议之也。且夫有高人之行者，固见负于世；有独知之虑者，必见骜于民。语曰：'愚者暗于成事，知者见于未萌……'

…………

法者所以爱民也，礼者所以便事也。是以圣人苟可以强国，不法其故；苟可以利民，不循其礼。"

——节选自《商君书·更法》

今汉继秦之后，如朽木、粪墙矣，虽欲善治之，亡可奈何。法出而奸生，令下而诈起，如以汤止沸，抱薪救火，愈甚亡益也。窃譬之琴瑟不调，甚者必解而更张之，乃可鼓也；为政而不行，甚者必变而更化之，乃可理也。当更张而不更张，虽有良工不能善调也；当更化而不更化，虽有

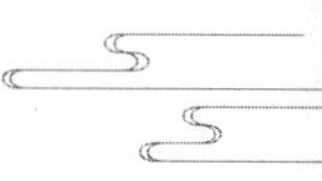

大贤不能善治也。故汉得天下以来，常欲善治而至今不可善治者，失之于当更化而不更化也。

——节选自董仲舒《对贤良策》

民俗之情

第十三课　华夏衣冠

一、文润心田　书香同行

扫二维码，听朗诵录音；结合注释、作者生平和写作背景，体会诗文中蕴含的思想感情。

冠称元服[1]，衣曰身章[2]。曰弁(biàn)曰冔(xǔ)曰冕[3]，皆冠之号；曰履曰舄(xì)曰屣(xǐ)[4]，悉鞋之名。上公命服[5]有九锡[6]，士人初冠有三加[7]。簪缨(zān yīng)[8]缙绅(jìn shēn)，仕宦之称；章甫(fǔ)缝掖(yè)[9]，儒者之服。布衣即白丁[10]之谓，青衿(jīn)[11]乃生员之称。葛屦(jù)[12]履霜，诮(qiào)俭啬(sè)之过甚；绿衣黄里[13]，讥贵贱之失伦。上服曰衣，下服曰裳；衣前曰襟，衣后曰裾(jū)[14]。敝衣曰褴褛(lán lǚ)[15]，美服曰华裾[16]。襁褓(qiǎng bǎo)[17]乃小儿之衣，弁髦(máo)[18]亦小儿之饰。左衽(rèn)[19]是夷狄之服，短后[20]是武夫之衣。

——节选自《幼学琼林·衣服》

【注释】

1. 元服：冠，帽子。

2. 身章：衣服。

3. 弁、冔、冕：都是帽子的别称。弁，古代男子穿礼服时所戴的冠称弁。冕，古代帝工、诸侯、卿人夫所戴之礼帽，后专指帝王的礼帽。

4. 履、舄、屣：都是鞋子的别称。单底叫履，复底叫舄。

5. 上公命服：上公，周制，三公（太师、太傅、太保）八命，出封时加一命，称为上公。命服，原指周代天子赐予元士至上公 9 种不同命爵的衣服。后泛指官员及其配偶按等级所穿的制服。

6. 九锡：古代天子赐给诸侯、大臣的 9 种器物，是一种最高礼遇。

7. 三加：古代男子行冠礼，初加缁布冠，次加皮弁，再次加爵弁，称为三加。

8. 簪缨：古代官吏的冠饰，后用以喻显贵。

9. 章甫缝掖：章甫，缁布冠。缝掖，宽袖的单衣，古时儒生所穿，后以缝掖代称儒生。

10. 布衣、白丁：布衣，布做的衣服，后也借指平民。白丁，犹言白身，即没有功名的人。

11. 青衿：青色交领的长衫。

12. 葛屦：用葛制成的鞋，夏季穿。

13. 绿衣黄里：古时以黄色为正色，绿色为闲色。以闲色为衣，以正色为里，喻尊卑、贵贱颠倒失序。

14. 衣、裳、襟、裾：衣，上衣。裳，下衣。襟，上衣的前幅。裾，衣服的前襟，泛指衣襟。

15. 褴褛：形容衣服破烂，也指破烂的衣服。

16. 华裾：美丽的衣服。华，美观。

17. 襁褓：包裹、背负婴儿用的布、被之类。

18. 弁髦：古代男子成人，行冠礼，三加之后即不再用缁布冠，剃去垂髦，理发为髻。后用弁髦喻无用之物。髦，幼童垂于眉际的头发。

19. 左衽：古代少数民族的服装前襟向左，不同于中原一带人民的右衽。衽，衣襟。

20. 短后：衣之后幅较短，便于动作。

【作者生平】

《幼学琼林》原名《幼学须知》，明程允升著。一说丘濬著。嘉庆年间，经邹圣脉增补，改为今名。

程允升籍贯及生平不详。邹圣脉，字宜彦，号梧冈，生于清康熙三十年（1691）。自幼聪颖过人，才名遍于乡梓。早年也曾属意科举，但因恃才傲物，不屑八股之文，遂屡试不第。晚年以一介布衣，隐居乡里，耕读自娱。其增补《幼学须知》即在他隐居乡里之时。

【写作背景】

《幼学琼林》是中国古代的蒙学课本，共4卷。博采自然、社会、历史、伦理等方面的知识典故，分类成篇，编成骈语，读来上口，且易记忆，受到广大诵习者欢迎，流传极广。

菩萨蛮[1]

［唐］温庭筠

小山[2]重叠金明灭[3]，鬓云[4]欲度[5]香腮雪[6]。懒起画蛾眉[7]，弄妆[8]梳洗迟。

照花前后镜，花面交相映。新帖绣罗襦[9]，双双金鹧鸪。

【注释】

1. 菩萨蛮：本唐教坊曲名，后用为词牌名，也用作曲牌名。

2. 小山：指屏风上的图案。一说小山指的是眉妆——小山眉。

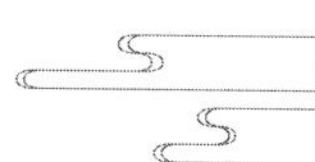

3. 金明灭：形容阳光照在屏风上金光闪闪的样子。
4. 鬓云：像云朵似的鬓发，形容发髻蓬松如云。
5. 欲度：将掩未掩的样子。度，覆盖。
6. 香腮雪：香雪腮，雪白的面颊。
7. 蛾眉：女子的眉毛细长弯曲像蚕蛾的触须，故称蛾眉。
8. 弄妆：梳妆打扮，修饰仪容。
9. 罗襦：丝绸短袄。襦，短上衣。

【作者生平】

温庭筠（801—866），唐代诗人、词人。本名岐，字飞卿，太原（今山西太原西南）人。有天赋，文思敏捷。温庭筠诗词兼工，诗与李商隐齐名，时称“温李”。其诗辞藻华丽，多写闺情。其词更是刻意求精，注重文采和声情，成就在晚唐诸人之上，被尊为“花间鼻祖”。生性放浪不羁，好讥嘲权贵，取憎于时，因此累年不第。宣宗大中十三年（859），为随县尉，后改方城尉，官终国子助教。

【写作背景】

此词写闺怨之情，却不着一字点破，只是描写主人公起床前后一系列的动作，让读者由此去窥视其内心的隐秘。尤其是词的末两句“新帖绣罗襦，双双金鹧鸪”，不仅充分体现了温庭筠词密丽浓艳的风格，而且以咏物衬人情，更见蕴藉。

谢人惠云巾方舄(xì)[1]二首（其二）

［宋］苏轼

胡靴短靿(yào)[2]格粗疏，古雅无如此样殊。
妙手[3]不劳盘[4]作凤[5]，轻身只欲化为凫(fú)[6]。
魏风褊(biǎn)俭堪羞葛，楚客豪华可笑珠。[7]
拟学梁家名解脱[8]，便于禅坐作跏趺(jiā fū)[9]。

【注释】

1. 舄：一种加木底的鞋。
2. 靿：靴筒。
3. 妙手：技艺高超的人。
4. 盘：回绕，盘曲。
5. 凤：这里指古代汉族妇女一种凤头形鞋子。亦称“凤头履”“凤翘”等。

6. 轻身只欲化为凫：意思是说穿上方舄，只觉身轻如凫。

7. 葛、珠：葛，以葛制成的鞋。夏季穿。珠，指珠履，缀珠的鞋。

8. 拟学梁家名解脱：拟，计划，打算。梁家，指梁武帝，曾制作出解脱履。解脱，解脱履，丝制的无跟履。

9. 便于禅坐作跏趺：禅坐，即坐禅。佛教僧尼修行的功课，每天在一定时间静坐，排除一切杂念，使心神恬静自在。跏趺，佛教徒的坐法，即所谓结跏趺坐。

【作者生平】

苏轼（1037—1101），北宋文学家、书画家。字子瞻，号东坡居士，眉州眉山（今属四川）人，嘉祐进士。神宗时曾任职史馆，因与王安石政见不合而求外职，任杭州通判，继知密、徐、湖三州。元丰二年（1079）七月以诗文谤讪新政的罪名被捕入狱，数月后获释，被贬为黄州团练副使，史称“乌台诗案”。哲宗时任翰林学士，曾出知杭州、颍州等，官至礼部尚书。后又贬谪惠州、儋州。徽宗即位，遇赦北归，第二年病死常州。南宋时追谥文忠。与父洵弟辙，合称“三苏”，俱被列入“唐宋八大家”。

【写作背景】

这是一首赋方舄的诗。从苏轼这首诗可以看出宋代的名士以穿方舄为古雅。他们认为“古雅无如此样殊”，把方舄作为礼品互相赠送。

二、励志砺学　知行合一

学习任务一：图说华夏衣冠

教材“源远流长”中介绍了汉服在各个朝代变化。请同学们通过绘图的方式，表现各个朝代的汉服特色。

（一）活动规则

1. 全班同学分成4组，以抽签的方式，在“秦汉、隋唐、宋代、明朝”中，确定每组绘图和解说任务。

2. 要求每组绘制所负责朝代的男、女汉服各一套。

3. 每个小组推选1~2位解说员，配合绘制图在课上解说所负责朝代的汉服特色。

4. 课上通过小组互评，评选出“最佳绘图小组”“最佳解说小组”。

（二）活动内容

1. 绘制与朝代相符的汉服图，要求汉服完整、突出特色。

2. 解说绘制图。要求语言流畅、表达清晰，能够结合历史背景叙述其承袭和演变，以及特点、影响等。

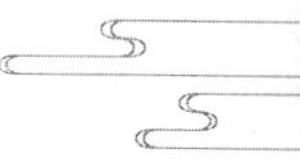

学习任务二：自制“千张袄”

“临清州，三宗宝，瓜干、枣脯、千张袄。”这首民谣中提到的千张袄是山东临清的传统产品，始于明，盛于清，至今已有 400 多年的历史。千张袄的花色品种和规格款式丰富多样，色泽上分为白色、黑色、花色三类；毛绒上分为大毛、二毛、小毛、腿皮四类；式样上有大衣、男袄、女袄、皮坎肩四种。几百年来，千张袄以其轻暖、美观、价廉、耐用的特点，深受人们喜爱。

（一）活动规则

1. 课前自主搜索临清千张袄的民间故事传说，思考千张袄受欢迎的原因。

2. 课前以 4~6 人为一小组，自主设计并制作一件“千张袄”样品，课上进行讲解。

3. 小组互选，选出“最佳手艺组”“最佳讲故事组”。

（二）活动内容

1. 利用废旧衣物、毛绒玩具等物品，制作一件环保型“千张袄”。要求“千张袄”的尺寸不能小于 A4 大小。

2. 讲述“千张袄”的民间故事传说。

三、妙笔生辉　墨润心田

请完成以下字帖描红。

冠称元服，衣曰身章。曰弁曰冔曰冕，皆冠之号；曰履曰舄曰屣，悉鞋之名。上公命服有九锡，士人初冠有三加。簪缨缙绅，仕宦之称；章甫缝掖，儒者之服。布衣即白丁之谓，青衿乃生员之称。葛屦履霜，诮俭啬之过甚；绿衣黄里，讥贵贱之失伦。上服曰衣，下服曰裳；衣前曰襟，衣后曰裾。敝衣曰褴褛，美服曰华裾。

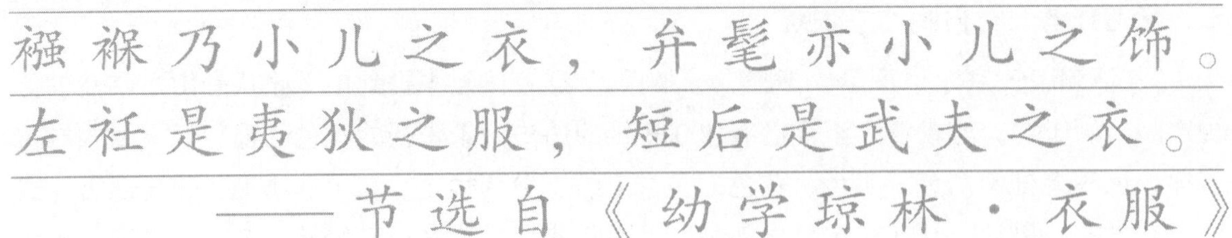

襁褓乃小儿之衣，弁髦亦小儿之饰。左衽是夷狄之服，短后是武夫之衣。

——节选自《幼学琼林·衣服》

菩萨蛮

［唐］温庭筠

小山重叠金明灭，鬓云欲度香腮雪。懒起画蛾眉，弄妆梳洗迟。

照花前后镜，花面交相映。新帖绣罗襦，双双金鹧鸪。

谢人惠云巾方舄二首（其二）

［宋］苏轼

胡靴短靿格粗疏，
古雅无如此样殊。
妙手不劳盘作凤，
轻身只欲化为凫。
魏风褊俭堪羞葛，

楚客豪华可笑珠。
拟学梁家名解脱，
便于禅坐作跏趺。

第十四课　茶饮闲话

一、文润心田　书香同行

扫二维码，听朗诵录音；结合注释、作者生平和写作背景，体会诗文中蕴含的思想感情。

巽(xùn)上人[1]以竹间自采新茶见赠酬之以诗

［唐］柳宗元

芳丛[2]翳(yì)[3]湘竹[4]，零[5]露凝清华[6]。

复此雪山客[7]，晨朝掇(duō)[8]灵芽[9]。

蒸烟[10]俯[11]石濑(lài)[12]，咫(zhǐ)尺凌[13]丹崖[14]。

圆方[15]丽[16]奇色[17]，圭璧[18]无纤[19]瑕[20]。

呼儿爨(cuàn)[21]金鼎，余馥(fù)[22]延[23]幽遐[24]。

涤虑[25]发[26]真照[27]，还源[28]荡昏邪[29]。

犹同甘露饭[30]，佛事薰毗(pí)耶[31]。

咄(duō)[32]此蓬瀛(yíng)侣[33]，无乃[34]贵流霞[35]。

【注释】

1. 巽上人：僧人，法号重巽。居永州龙兴寺。本诗作于柳宗元贬谪永州时。
2. 芳丛：茶树。
3. 翳：遮盖。此处用作被动，指茶树被竹林所掩映。
4. 湘竹：又名湘妃竹、斑竹、泪竹。此处用其字面义，指产于湘地之竹。
5. 零：落下。
6. 清华：清美华丽。常用以形容景物。
7. 雪山客：仙人。此处指重巽。
8. 掇：摘取。
9. 灵芽：对茶之嫩芽的美称。

10. 蒸烟：蒸茶的烟雾。
11. 俯：笼罩。
12. 石濑：水击石间而形成的急流。
13. 凌：升上。
14. 丹崖：被朝霞染红的山崖。
15. 圆方：指饼茶。
16. 丽：附着。这里指显现。
17. 奇色：美妙的色彩。
18. 圭璧：古时玉器名称，多为外圆内方，与饼茶形状相似，故在此喻茶饼。
19. 纤：细小。
20. 瑕：玉上的斑点。
21. 爨：烧火煮。
22. 余馥：从茶鼎中溢出的茶香。
23. 延：伸展。此处作飘散解。
24. 幽遐：幽深僻远处。
25. 涤虑：清除忧虑烦恼。
26. 发：现出。
27. 真照：真相。
28. 还源：返归本源，与“发真照”同义。
29. 荡昏邪：清除昏昧邪恶之念。
30. 甘露饭：斋饭。此处为借用佛教典故，形容茶的美妙芳香。
31. 毗耶：梵语，义译为平整庄严。诗文中常用来比喻精通佛法、擅说佛理之人。
32. 咄：表示感叹。
33. 蓬瀛侣：此处喻巽上人的茶。蓬瀛，蓬莱、瀛洲，相传均为仙山。
34. 无乃：相当于“恐怕”“只怕”。
35. 流霞：传说中的仙酒。

【作者生平】

柳宗元（773—819），唐文学家、哲学家。祖籍河东（今山西永济西），世称柳河东。4岁即能读古赋，少时为文，有奇名。贞元进士，授校书郎，调蓝田尉，升监察御史里行。唐顺宗即位，柳宗元被擢升为礼部员外郎，协同王叔文等人，推行了一系列改革措施，失败后被贬为永州司马。柳宗元谪居永州9年，在抑郁悲凉心境中创作了大量哲学论著和文学精品。后迁柳州刺史，故又称柳柳州。柳宗元在柳州兴利除弊，发展生产，兴办学校，释放奴婢，政绩卓著。与韩愈倡导古文运动，并称“韩柳”，同列“唐宋八大家”。著有

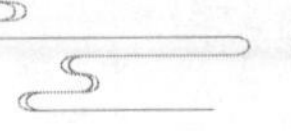

《河东先生集》。

【写作背景】

柳宗元于永贞元年（805）冬被贬至永州，至则无处可居，只得寄寓在永州龙兴寺，得以与僧人重巽相识结交。新春时节，重巽赠以新茶，柳宗元作诗回赠。观此诗，柳宗元心情较为平静，诗的前八句写茶树的生长、茶叶的采摘、成茶的形状及质量；后八句写煮茶、饮茶的妙趣等。诗人品茶时犹同尝到甘露一般舒畅，人亦好像蓬莱仙山的仙人一样，逍遥在霞光美景之中。全诗脉络清晰，笔触细腻清新，余韵无穷。

一字至七字诗·茶

［唐］元稹（zhěn）

茶，

香叶[1]，嫩芽[2]。

慕诗客[3]，爱僧家[4]。

碾雕白玉[5]，罗织红纱[6]。

铫（diào）[7]煎黄蕊色[8]，碗转[9]曲尘花[10]。

夜后邀陪明月，晨前命对朝霞。

洗尽古今人不倦，将知醉后岂堪夸。

【注释】

1. 香叶：芳香的叶子。
2. 嫩芽：鲜嫩的芽。
3. 慕诗客：诗人喜欢茶的高雅清幽。诗客，诗人。
4. 爱僧家：出家之人看重茶的超凡脱俗。
5. 碾雕白玉：茶碾是白玉雕成的。
6. 罗织红纱：茶筛是红纱制成的。
7. 铫：一种带柄有嘴的小锅，煎茶器具。
8. 黄蕊色：指茶水汤色澄碧。
9. 转：摇动，漂荡。
10. 曲尘花：指茶汤上面的沫。曲尘，指茶。

【作者生平】

元稹（779—831），唐诗人。字微之，河南（府治今河南洛阳）人，居京兆万年（今

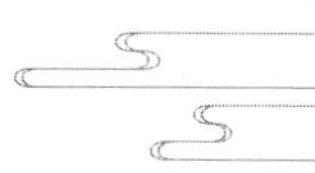

陕西西安)。早年家贫。德宗贞元九年(793)举明经科。十九年登书判拔萃科，授校书郎。宪宗元和元年(806)，登才识兼茂明于体用科，授左拾遗，后任监察御史。因得罪宦官及权臣，遭到贬斥。长庆二年(822)，拜同中书门下平章事。以暴疾卒于武昌军节度使任所。与白居易友善，常相唱和，世称“元白”。有《元氏长庆集》。

【写作背景】

一字至七字诗是流行于唐代的一种诗体，在大多数的情况下，游戏的成分很重。《一字至七字诗·茶》，形式特别，朗朗上口，描绘了茶的形态、功用和人们对它的喜爱之情。这首唐代茶诗，具有形式美、韵律美、意蕴美，在诸多的咏茶诗中别具一格，精巧玲珑，堪称一绝。

尝　茶

［唐］刘禹锡

生拍[1]芳丛[2]鹰嘴芽[3]，老郎[4]封寄谪(zhé)仙[5]家。

今宵更有湘江月[6]，照出菲菲[7]满碗花[8]。

【注释】

1. 生拍：唐代流行制作饼茶，在加工过程中把蒸煮舂捣后的茶坯放进模子里拍压成饼状。

2. 芳丛：散发清香的茶树，诗中指茶叶。

3. 鹰嘴芽：形容茶芽尖嫩如同鹰嘴。

4. 老郎：言寄茶者。作者的郎姓朋友，疑指郎士元，郎为天宝进士，比刘年长。

5. 谪仙：从天上谪降人间的仙人。借指被谪降的官员。这里系作者自称。

6. 湘江月：作者当时被贬为朗州司马，身处湘江之滨，夜晚可以临江对月品茶。

7. 菲菲：形容香气浓郁。

8. 花：疑指茶沫，或言指茶叶美妙如花。

【作者生平】

略。

【写作背景】

诗人在遭受贬谪之后收到老朋友寄赠的新茶，在湘江月下连夜烹煮，对月品味，思绪万千。

诗表面是写茶，其实是将采茶、寄茶、饮茶三个情景连接在一起，突出潦倒穷困时友情的弥足珍贵，表达了对老友的感怀之情。本诗按照“起、承、转、合”的脉络来写，由

“采茶”起，以“寄茶”承，以“月夜”转，以“满碗花”作结并使意义延伸，自然流畅，毫无穿凿堆砌之嫌。

汲(jí)江[1]煎茶

［宋］苏轼

活水[2]还须活火[3]烹，自临钓石取深清[4]。
大瓢贮月[5]归春瓮[6]，小杓(sháo)分江[7]入夜瓶。
雪乳[8]已翻[9]煎处脚[10]，松风[11]忽作泻时声。
枯肠未易禁三碗，坐听荒城[12]长短更[13]。

【注释】

1. 汲江：从江里打水。
2. 活水：从流动的江中取来的水。
3. 活火：有火苗的旺火。
4. 深清：深处清澈的江水。
5. 贮月：用大瓢舀江水，月亮映在瓢中。
6. 春瓮：此指盛水的瓮。
7. 分江：分离江水。指从江中取水。
8. 雪乳：形容煎茶时浮着的白色泡沫。
9. 翻：沸水翻滚。
10. 脚：茶脚。茶叶竖立水中如有头脚。
11. 松风：喻汤沸声或倒茶声。
12. 荒城：荒凉僻远之城。
13. 长短更：指报更敲梆子的次数。少者为短，多者为长。

【作者生平】

略。

【写作背景】

此诗作于元符三年（1100）作者贬于儋州时。这是一首关于茶道的七律，诗中描写了从取水、煎茶到饮茶的全过程。该诗表现了诗人通达从容的人生态度，谪居心情写得甚为含蓄。全诗构思奇特，描写精细，笔风清新简淡。

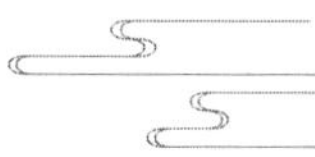

二、励志砺学　知行合一

学习任务一：以茶养心，茶道体验之旅

茶道是以吃茶为契机的综合文化活动。源自中国，传至海外。茶道强调环境、气氛和情调，以品茶、置茶、烹茶、点茶为核心，以语言、动作、器具、装饰为体现，以饮茶行为背后的思想和精神追求为内涵。因此，它是关于修身养性、礼仪和交际的综合文化活动。

（一）活动规则

1. 课前自主学习认识茶道六君子及用途。

2. 以 4~6 人为一小组，课前按茶道操作步骤进行分工，组员通过观看视频学会自己所承担的操作。

3. 课中以小组为单位进行茶道展示，每组同学按顺序演示解说自己所承担的茶道步骤操作。

（二）活动内容

1. 查阅资料，学习茶道相关知识。

2. 以小组为单位进行茶道展示，为老师和同学献上一杯茶。

学习任务二：茶有诗情——山东茶文化之旅

中国是茶的国度，更是诗词的国度。两者相遇，造就了最美的茶诗词。让我们放下纷纷扰扰的一切，静静地品一杯茶，念一首诗。

（一）活动规则

1. 课前同学们自主了解山东名茶的种类和特点，并学习一首茶诗词。

2. 课上同学们结合课前了解的情况，介绍每种茶的特点。

3. 课上选若干名代表上台进行茶诗词朗诵。

（二）活动内容

1. 介绍山东名茶的种类和特点。

2. 朗诵茶诗词。

三、妙笔生辉　墨润心田

请完成以下字帖描红。

巽上人以竹间自采新茶见赠酬之以诗

［唐］柳宗元

芳丛翳湘竹，零露凝清华。
复此雪山客，晨朝掇灵芽。
蒸烟俯石濑，咫尺凌丹崖。
圆方丽奇色，圭璧无纤瑕。
呼儿爨金鼎，余馥延幽遐。
涤虑发真照，还源荡昏邪。
犹同甘露饭，佛事薰毗耶。
咄此蓬瀛侣，无乃贵流霞。

一字至七字诗·茶

［唐］元稹

茶，
香叶，嫩芽。
慕诗客，爱僧家。
碾雕白玉，罗织红纱。
铫煎黄蕊色，碗转曲尘花。
夜后邀陪明月，晨前命对朝霞。
洗尽古今人不倦，将知醉后岂堪夸。

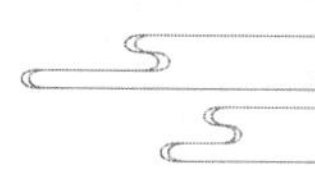

尝茶

［唐］刘禹锡

生拍芳丛鹰嘴芽，老郎封寄谪仙家。
今宵更有湘江月，照出菲菲满碗花。

汲江煎茶

［宋］苏轼

活水还须活火烹，
自临钓石取深清。
大瓢贮月归春瓮，
小杓分江入夜瓶。
雪乳已翻煎处脚，
松风忽作泻时声。
枯肠未易禁三碗，
坐听荒城长短更。

第十五课　行俗路仪

一、文润心田　书香同行

扫二维码，听朗诵录音；结合注释、作者生平和写作背景，体会诗文中蕴含的思想感情。

杨柳枝词（其八）

［唐］刘禹锡

城外春风吹酒旗，行人挥袂（mèi）[1]日西时[2]。

长安陌[3]上无穷树，唯有[4]垂杨管[5]别离。

【注释】

1. 挥袂：挥动衣袖，告别时的动作。袂，袖子。
2. 日西时：黄昏。
3. 陌：道路。
4. 唯有：只有。
5. 管：寄托。

【作者生平】

略。

【写作背景】

《杨柳枝词》共9首，当为刘禹锡晚年所作。其将杨柳之体态、风韵，以及与杨柳有关的故事与习俗巧妙地运用于咏杨柳中，且诗歌含情婉转，风情宛然，声韵和谐，流丽而多韵味，使人咏之而兴味不尽。

踏莎行[1]·祖席[2]离歌

［宋］晏殊

祖席离歌，长亭[3]别宴。香尘[4]已隔犹回面[5]。居人[6]匹马映林[7]嘶，行人[8]去棹（zhào）[9]依波转。

画阁[10]魂消[11]，高楼目断[12]。斜阳只送平波远。无穷无尽是离愁，天涯地角寻思[13]遍。

【注释】

1. 踏莎行：词牌名。

2. 祖席：古代出行时祭祀路神曰祖。后来称饯别的宴会为祖席。

3. 长亭：古时于道路每隔十里设长亭，供行旅歇息。近城者常为送别之处。

4. 香尘：地上落花很多，尘土都带有香气，因此称香尘。

5. 回面：回顾。

6. 居人：指留在家里的人。

7. 映林：隔林。

8. 行人：出行的人。相对前句的“居人”而言。

9. 去棹：离去的船。棹，船桨。此处指代船。

10. 画阁：彩绘华丽的楼阁。

11. 魂消：形容极其哀愁。

12. 目断：望尽，极目力所及。

13. 寻思：思索，考虑。

【作者生平】

晏殊（991—1055），北宋政治家、文学家。字同叔，抚州临川（今江西抚州）人。出身清贫，景德中应神童试，与进士千余人同试廷中，神气自若，援笔立成，赐同进士出身。庆历中官至集贤殿大学士、同中书门下平章事兼枢密使。病卒于家，谥元献。其词擅长小令，多表现诗酒生活和悠闲情致，语言婉丽。有《珠玉词》传世。

【写作背景】

《踏莎行·祖席离歌》是一首咏别情的词。上片写饯行的情景，开始写送别场面，然后分别从送行者、行者两方面写离情，一方面表现送行者的依依难舍，另一方面叙写行人的不忍离去。下片单从送行者方面写对行者的思念，因行者从水路乘船走，所以仍紧扣水波写。此词写饯别相送及别后的怀思，均情景逼真，含蕴无尽，如一幅丹青妙手绘的春江送别图，令读者置身其间，真切地感受到作者的缱绻深情。

送　别

李叔同

长亭外，古道边，芳草碧连天。

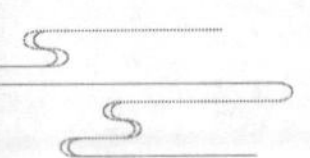

晚风拂柳笛声残，夕阳山外山。
天之涯，地之角，知交[1]半零落[2]。
一觚（gū）[3]浊酒尽余欢，今宵别梦[4]寒[5]。

长亭外，古道边，芳草碧连天。
问君此去几时来，来时莫徘徊。
天之涯，地之角，知交半零落。
人生难得是欢聚，唯有别离多。

【注释】

1. 知交：知心朋友。
2. 零落：指草木凋落，比喻死亡。
3. 觚：古代酒器，盛行于中国商代和西周初期。
4. 别梦：指离别后思念之梦。
5. 寒：即冷清凄苦之意。

【作者生平】

李叔同（1880—1942），近代教育家、书法家、画家、僧人。名文涛，字息霜，浙江平湖人，生于天津。出身于清进士、盐商家庭。擅长书画、篆刻，工诗词。1898年支持康有为、梁启超戊戌维新变法，失败后南逃上海，参加城南文社。1900年组织成立上海书画公会。1901年入南洋公学。1905—1910年间在日本东京学西洋绘画和音乐。曾同曾孝谷等创立春柳社，参加话剧《茶花女》《黑奴吁天录》的演出。1906年创办《音乐小杂志》。1910年回国，1912年入南社，任《太平洋报》副刊画报主编。1915年任南京高等师范美术主任教习。1918年在杭州虎跑寺出家，法名演音，号弘一。创设南山律学院，弘扬南山戒律。

【写作背景】

《送别》是李叔同1914年写的一首歌词，对近代词曲影响极大。这首恬淡舒缓、柔情委婉的歌曲，音乐与修辞的结合堪称完美，传达出万物无常的言外之意，为广大音乐喜好者传唱，历久不衰。这首歌词语言精练，感情真挚，意境深邃。吟诵它，在我们眼前会展现出这样一幅画卷：长亭、古道、拂柳、夕阳、芳草，在夕阳残照中，群山连绵，笛声凄婉……凄美的景象中，有一种既伤感又凄凉的情思不知不觉在我们心中产生。

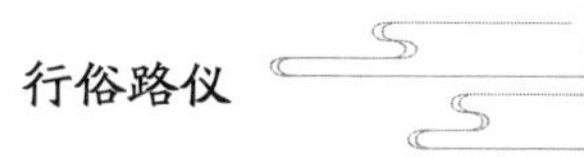

二、励志砺学　知行合一

请完成以下学习任务。

学习任务一：搜集中国古典送别诗并分享

古往今来，送别诗承载着文人墨客的多种情感：有依依不舍的留念，有情深意长的勉励，有坦诚心志的告白。送别诗中诗歌题目通常用“送、别、赠、酬”等字眼。比如王维的《送元二使安西》、李白的《赠汪伦》。送别诗常用的意象有杨柳、长亭、月亮、夕阳、酒等。

（一）活动规则

1. 课前搜集送别诗，了解诗的作者、写作背景和表达的感情。
2. 课上以 4~6 人为一小组，组内对搜集的送别诗进行分享。
3. 每组选一名代表在班级进行分享。

（二）活动内容

每位同学做好分享准备，填写以下表格。

序号	诗名	作者	意象	写作背景	情感表达
1					
2					
3					

学习任务二：收集整理带有马、舟、车的诗句，举办“飞花令”活动。

唐诗宋词中有很多描写交通工具的诗句，比如“春风得意马蹄疾”“李白乘舟将欲行”，比如“兴尽晚回舟，误入藕花深处”。

（一）活动规则

1. 课前搜集整理带有马、舟、车的诗句。
2. 课上以 4~6 人为一小组，小组之间进行飞花令比赛。
3. 根据最终表现确定名次。

（二）活动内容

飞花令：“马”

诗句____

诗句____

飞花令：“车”

诗句____

诗句____

飞花令：“舟”

诗句____

诗句____

三、妙笔生辉　墨润心田

请完成以下字帖描红。

杨柳枝词（其八）

［唐］刘禹锡

城外春风吹酒旗，
行人挥袂日西时。
长安陌上无穷树，
唯有垂杨管别离。

踏莎行·祖席离歌

［宋］晏殊

祖席离歌，长亭别宴。香尘已隔犹回面。居人匹马映林嘶，行人去棹依波转。

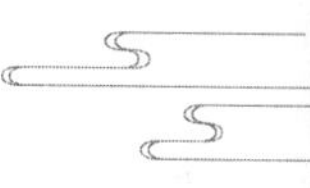

画阁魂消，高楼目断。斜阳只送平波远。无穷无尽是离愁，天涯地角寻思遍。

送别

李叔同

长亭外，古道边，芳草碧连天。
晚风拂柳笛声残，夕阳山外山。
天之涯，地之角，知交半零落。
一觚浊酒尽余欢，今宵别梦寒。

长亭外，古道边，芳草碧连天。
问君此去几时来，来时莫徘徊。
天之涯，地之角，知交半零落。
人生难得是欢聚，唯有别离多。

第十六课　传统节日：清明

一、文润心田　书香同行

扫二维码，听朗诵录音；结合注释、作者生平和写作背景，体会诗文中蕴含的思想感情。

长安清明

［唐］韦庄

蚤(zǎo)[1]是伤春梦雨天，可堪[2]芳草更芊芊(qiān)[3]。

内官[4]初赐清明火[5]，上相[6]闲分白打[7]钱。

紫陌(mò)[8]乱嘶红叱(chì)拨[9]，绿杨高映画秋千[10]。

游人记得承平[11]事，暗喜风光似昔年。

【注释】

1. 蚤：同“早”。
2. 可堪：哪堪，如何经受得了。堪，能承受。
3. 芊芊：草木茂盛的样子。
4. 内官：太监，宦官。
5. 赐清明火：唐时惯例，宫廷在清明取榆柳火种赐给近臣贵戚。
6. 上相：本是对宰相的尊称，此处泛指大臣。
7. 白打：蹴鞠的一种玩法。
8. 紫陌：指京师郊野的道路。
9. 红叱拨：名马名。
10. 画秋千：装饰美丽的秋千。
11. 承平：指太平之时。

【作者生平】

韦庄（约836—910），唐末五代诗人、词人。字端己，长安杜陵（今陕西西安东南）人。少孤贫，才敏过人。广明元年（880）他在长安应举，适值黄巢农民起义军攻陷长安，未能逃走，直到中和二年至三年间（882—883）始得逃往洛阳，作《秦妇吟》。乾宁元年（894）再试及第，任校书郎，已年近60。天复元年（901），他被聘为西蜀掌书记。天祐四年（907），朱全忠灭唐建梁，韦庄亦劝王建称帝，建立蜀国，史称前蜀。后官至吏部侍郎同平章事。其词语言清丽，感情率真，多写闺情离愁和游乐生活。与温庭筠齐名，并称“温韦”。著有《浣花集》。

【写作背景】

唐僖宗广明元年（880），黄巢农民起义军攻陷长安；光启元年（885），李克用又进逼京师。经过多年的战乱，长安城早已满目疮痍。唐昭宗景福二年（893）至乾宁元年（894），韦庄在长安应进士试。这首诗就是在这一时期所作。家国多难、战乱频仍、举世纷扰之际，清明时节的长安依然歌舞升平，达官贵人耽于享乐，思之令人感伤。诗人用冷峻的目光，看似闲淡地刻画长安城清明时节热闹如昔、游人如织的欢快场面，实则暗含着深沉的讽刺、斥责之意。游人之喜乐，愈加反衬出诗人“伤时伤世复伤心”的悲郁之情。

寒食[1]野望吟

［唐］白居易

丘墟（xū）[2]郭门[3]外，寒食谁家哭。

风吹旷野纸钱飞，古墓累累[4]春草绿。

棠梨花映白杨树，尽是死生离别处。

冥寞（míng mò）[5]重泉[6]哭不闻，萧萧[7]暮雨人归去。

【注释】

1. 寒食：节日名，在清明前一日。古人从这一天起，3天不生火做饭，所以叫寒食。有的地区也把清明叫寒食。

2. 丘墟：坟墓。

3. 郭门：外城城门。郭，外城。

4. 累累：重积的样子。

5. 冥寞：阴间。

6. 重泉：黄泉，九泉，是人死后的归处。

7. 萧萧：象声词，指雨声。

【作者生平】

略。

【写作背景】

清明扫墓之风在唐代十分盛行，人们会在寒食节到清明节这几天，祭扫坟茔，慎终追远。开元二十四年（736），唐玄宗下达诏令，将扫墓祭祀活动编入“五礼”，使得清明扫墓活动更加深入人心。白居易的诗《寒食野望吟》就描写了寒食扫墓的情形。旷野苍茫，古墓累累，凄风劲吹，纸钱纷飞，黄土之上，人在哭泣，九泉之下的亲人却寂静无声。全诗道尽生离死别的苦痛。

破阵子[1]·春景

［宋］晏殊

燕子来时新社[2]，梨花落后清明。池上碧苔（tái）[3]三四点，叶底黄鹂一两声。日长飞絮[4]轻。巧笑[5]东邻女伴，采桑径里逢迎[6]。疑怪[7]昨宵春梦好，元是今朝斗（dòu）草[8]赢。笑从双脸[9]生。

【注释】

1. 破阵子：词牌名，原为唐教坊曲名。

2. 新社：社日是古代祭祀土地神的日子，以祈丰收，有春秋两社。新社即春社，时间在立春后、清明前。

3. 碧苔：碧绿色的青苔。

4. 飞絮：飘荡着的柳絮。

5. 巧笑：形容少女美好的笑容。

6. 逢迎：碰头，相逢。

7. 疑怪：诧异，奇怪。这里是“怪不得”的意思。

8. 斗草：古代妇女的一种游戏，也叫“斗百草”。

9. 双脸：指脸颊。

【作者生平】

略。

【写作背景】

古时，每年在春秋时节，人们会祭祀土地神。这两次祭祀土地神的日子叫春社和秋社。古人尤重春社，邻里聚会，酒食分享，赛会欢腾，非常热闹。古代女子在社日和清明时节可以停止劳作，做一些斗草、荡秋千之类的游戏。这首词就是以春社为背景所写。归来的燕子、飘落的梨花、池上的碧苔、清脆的鸟啼，映衬着笑靥如花的少女，让人感受到春天的生机勃勃和青春的无限美好。

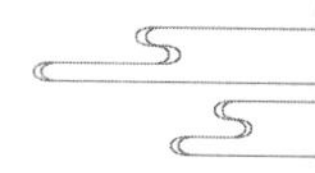

清　明

［宋］黄庭坚

佳节清明桃李笑[1]，野田荒冢(zhǒng)只生愁。

雷惊天地龙蛇蛰(zhé)[2]，雨足郊原草木柔。

人乞祭余骄妾妇[3]，士甘焚死不公侯[4]。

贤愚千载知谁是，满眼蓬蒿(péng hāo)[5]共一丘[6]。

【注释】

1. 桃李笑：用拟人手法形容盛开的桃花、李花。

2. 蛰：动物冬眠。

3. 人乞祭余骄妾妇：《孟子》中提到，齐国有一人每天外出向扫墓者乞讨祭祀后留下的酒饭，回家后却向妻妾夸耀是别人请自己吃饭。此处为诗人借用典故讽刺追求富贵的权贵。

4. 士甘焚死不公侯：借用春秋时介子推宁愿被烧死也不愿再出仕的典故。这里是诗人自况。

5. 蓬蒿：杂草。

6. 丘：指坟墓。

【作者生平】

黄庭坚（1045—1105），北宋诗人、书法家。字鲁直，号山谷道人、涪翁，洪州分宁（今江西修水）人。自幼好学，博览经史百家。治平进士。开创了江西诗派，被尊为江西诗派“三宗”（三宗为黄庭坚、陈师道、陈与义三人）之首。又能作词。著有《山谷集》。

【写作背景】

本首诗作于北宋末年的“元祐党争”时期（1086—1094）。王安石主持变法时推行新政措施，朝廷形成了支持变法的“新派”和反对新政的“旧派”。旧派也被称为“元祐党人”，其中包括大文豪苏轼、司马光等人。黄庭坚因与苏轼交好，也略受牵连。这是诗人触景生情之作，通篇运用对比手法，抒发了人生无常的慨叹。诗人看到大自然的一片生机，想到的却是人世间不可逃脱的死亡的命运，表达了一种消极虚无的思想，悲凉的情绪流溢于诗行间，这与诗人一生政治上的坎坷以及禅宗思想是分不开的。

二、励志砺学　知行合一

请完成以下学习任务。

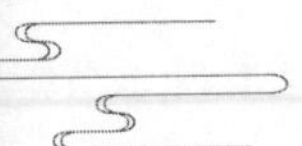

学习任务一：清明祭奠英烈，是我们缅怀革命先烈的丰功伟绩，发扬革命传统，继承先烈遗志的重要方式

（一）活动规则

1. 准备清明节缅怀先烈的寄语。
2. 课上以 4~6 人为一小组，对寄语进行分享。
3. 课上每组选一名代表在班级进行分享。

（二）活动内容

每位同学做好分享准备，填写以下统计表格。

寄语 1：

____

寄语 2：

____

……

学习任务二：组装风筝，制作青团

清明节作为传统节日，有很多习俗仪式。放风筝、吃青团就是清明节的重要习俗之一。

（一）活动规则

1. 准备风筝制作材料和青团制作材料。
2. 以 4~6 人为一小组，按兴趣分工，分别组装风筝和制作青团，并记录操作过程。

（二）活动内容

1. 风筝的组装方法

（1）______________________________

（2）______________________________

（3）______________________________

（4）______________________________

2. 青团的制作步骤

（1）______________________________

（2）______________________________

（3）______________________________

（4）______________________________

三、妙笔生辉　墨润心田

请完成以下字帖描红。

长安清明

［唐］韦庄

蚤是伤春梦雨天，
可堪芳草更芊芊。
内官初赐清明火，
上相闲分白打钱。
紫陌乱嘶红叱拨，
绿杨高映画秋千。
游人记得承平事，
暗喜风光似昔年。

寒食野望吟

［唐］白居易

丘墟郭门外，
寒食谁家哭。
风吹旷野纸钱飞，
古墓累累春草绿。
棠梨花映白杨树，

尽是死生离别处。
冥寞重泉哭不闻，
萧萧暮雨人归去。

破阵子·春景

［宋］晏殊

燕子来时新社，梨花落后清明。池上碧苔三四点，叶底黄鹂一两声。日长飞絮轻。

巧笑东邻女伴，采桑径里逢迎。疑怪昨宵春梦好，元是今朝斗草赢。笑从双脸生。

清明

［宋］黄庭坚

佳节清明桃李笑，
野田荒冢只生愁。
雷惊天地龙蛇蛰，
雨足郊原草木柔。

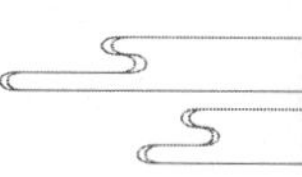

人乞祭余骄妾妇，
士甘焚死不公侯。
贤愚千载知谁是，
满眼蓬蒿共一丘。